Cent...
pour ...

P9-CAU-981

LE BESCHERELLE 3

la grammaire pour tous

DICTIONNAIRE DE LA GRAMMAIRE FRANÇAISE EN 27 CHAPITRES
INDEX DES DIFFICULTÉS GRAMMATICALES

ÉDITIONS HURTUBISE HMH Ltée - Tél. 364-0323

7360 boul. Newman, Ville LaSalle, Québec H8N 1 X 2

© HURTUBISE HMH 1984

Reproduction interdite sous peine de poursuites judiciaires

ISBN 2 - 89045 - **630** - 7

AVANT-PROPOS

Pourquoi ce livre ?

La grammaire pour tous, ouvrage simple et complet, tente le pari difficile de répondre à trois types de questions que peuvent se poser élèves, maîtres, parents ou grand public.

1. Comment se reconnaître parmi des termes grammaticaux de plus en plus nombreux, de plus en plus divers, les uns récemment introduits, les autres plus traditionnels.

2. Quelles sont les différentes manières d'analyser une phrase, de reconnaître une fonction ? Sont-elles exclusives les unes des autres ou au contraire complémentaires ?

3. Comment résoudre les problèmes pratiques tels que l'accord du participe passé, le pluriel des adjectifs composés, l'emploi du subjonctif, etc. ?

Pour qui ce livre ?

La grammaire pour tous a été conçue de façon à pouvoir être utilisée par le plus large public possible.

- Aux élèves des classes du Cours Moyen à la Troisième, elle permet de maîtriser les notions grammaticales, les procédures d'analyse, et d'en percevoir l'utilité.

- Aux parents, elle permet de faire le lien entre une grammaire dite traditionnelle qu'ils ont apprise au cours de leur scolarité et des analyses plus récentes qui sont présentées à leurs enfants.

- Aux maîtres, elle permet de saisir l'intérêt pédagogique de différentes manipulations de phrases, de comprendre la raison de certaines différences terminologiques, de coordonner leur enseignement de la

UNIVERSITÉ D'OTTAWA

INSTITUT DES LANGUES SECONDES
SECOND LANGUAGE INSTITUTE

UNIVERSITY OF OTTAWA

grammaire avec celui de leurs collègues qui les ont précédés ou qui recueilleront leurs élèves.

- A tous ceux qui peuvent avoir certaines hésitations quant à l'utilisation écrite ou orale de la langue française, *la grammaire pour tous* apporte des solutions efficaces et pratiques.

Comment utiliser ce livre ?

La grammaire pour tous permet différentes formules d'utilisation :

1. On recherche une information ou une solution à un problème pratique tel que l'accord du participe passé des verbes pronominaux. On consultera alors l'index à l'entrée « participe passé », à l'entrée « pronominaux », à l'entrée « verbes pronominaux » ou encore à l'entrée « se + verbe ». Dans chacun des cas, le lecteur est renvoyé à un paragraphe de l'ouvrage où il trouvera la réponse à son problème.

2. On veut faire le point sur une notion grammaticale telle que le sujet, les propositions subordonnées, le complément de phrase, etc.

La grammaire pour tous est constituée de 27 chapitres, traitant chacun d'une notion grammaticale particulière, présentés par ordre alphabétique. Le lecteur peut donc directement se reporter au chapitre qui l'intéresse. Au cas où le problème grammatical ne fait pas l'objet d'un chapitre entier, on consultera l'index.

3. On veut acquérir ou approfondir des connaissances en grammaire française d'une manière plus générale. *La grammaire pour tous* est un ouvrage qui ne néglige aucun aspect important de la syntaxe du français.

SOMMAIRE

Au cours de sa lecture, l'utilisateur de *La grammaire pour tous* rencontrera les symboles suivants :

⚠ attire l'attention sur une exception fréquemment rencontrée, une nuance importante, un point sur lequel les erreurs sont nombreuses.

➜ indique une conclusion que l'on peut tirer, un résumé du ou des paragraphe(s) prédédent(s).

★ signale que la phrase donnée en exemple n'est pas grammaticalement correcte.

Voir en page 319 la signification des abréviations employées dans l'ouvrage.

ACCORD :
RÈGLES PRINCIPALES

Ce qu'il faut savoir

Les règles d'accord sont présentées en détail dans les chapitres qui concernent l'adjectif qualificatif et le verbe.

On se bornera à rappeler ici les règles principales d'accord qui concernent

- **le verbe** avec le groupe nominal sujet :

> Dans les arbres, les oiseaux chant**ent.**

- **l'adjectif qualificatif épithète** avec le nom qu'il détermine :

> Elle adorait les grand**s** voyages.

- **l'adjectif qualificatif attribut** avec le groupe nominal sujet :

> Marie et Cécile étaient heureus**es** d'aller à la mer.

Nous insisterons enfin sur les règles d'accord du **participe passé**

- avec l'auxiliaire *être* :

> Les goélettes sont apparu**es** à l'horizon.

- avec l'auxiliaire *avoir* :

> Elle a perd**u** la bague que je lui avais offert**e.**

ACCORD DU VERBE
AVEC LE GROUPE NOMINAL SUJET

(voir *Sujet* page 251, IV)

A | *Il n'y a qu'un groupe nominal sujet*

A1 Le verbe se met à la même personne que le GNS.

Tu   reprend**ras** bien un gâteau.
2ᵉ pers. 2ᵉ pers.

Nous   dev**ons** vraiment partir.
1ʳᵉ pers. 1ʳᵉ pers.

A2 Le verbe se met au singulier si le GNS est singulier ; il se met au pluriel si le GNS est au pluriel.

Son père lui refus**a** la main de sa fille.
  sing.   sing.

Les petits animaux dormai**ent.**
     pluriel   pluriel

A3 Lorsque le GNS comporte un adverbe de quantité comme *beaucoup de, peu de, combien de, que de,* etc., le verbe se met au pluriel.

Que de gens **ont** dit qu'il échouerait !
  pluriel   pl.

Beaucoup de ces enfants chant**ent** dans la chorale.
     pluriel   pluriel

REMARQUE. Lorsque l'adverbe de quantité a un sens partitif, le verbe se met au singulier :

Peu de neige est tombée cet hiver.

A4 Lorsque le GNS représente un ensemble d'éléments (sujet collectif), le verbe se met soit au singulier soit au pluriel.

Une foule de visiteurs se précipit**a** (ou se précipit**èrent**).

B *Il y a plusieurs groupes nominaux sujets*

B1 Lorsqu'il y a plusieurs groupes nominaux sujets, le verbe se met au pluriel.

Jacques et Pierre décidèrent d'aller au cinéma.
sing.　　 sing.　 pluriel

B2 Lorsque les groupes nominaux sujets sont de personnes différentes, plusieurs cas d'accord se présentent :

a. 2ᵉ personne + 3ᵉ personne : le verbe se met à la 2ᵉ personne du pluriel :

Marie　 et toi　 marcherez derrière.
3ᵉ pers.　 2ᵉ　 2ᵉ pers.
　　　 pers.　 pluriel

b. 1ʳᵉ personne + 2ᵉ ou 3ᵉ personne : le verbe se met à la 1ʳᵉ personne du pluriel :

Mes amis et moi　 voulions vous faire ce cadeau.
3ᵉ pers.　　 1ʳᵉ pers.　 1ʳᵉ pers.
pluriel　　　 sing.　　 pluriel

B3 Lorsque les deux GNS sont réunis par **comme, ou, ainsi que, avec, ni,** le verbe se met soit au singulier soit au pluriel.

La bière comme le vin cont**ient** (ou cont**iennent**) de l'alcool.
Ni votre candidat ni le mien ne ser**a** (ou ne ser**ont**) élu(s).

II ACCORD DE L'ADJECTIF QUALIFICATIF

A *Accord de l'adjectif qualificatif épithète*
(voir pages 22, B6 et 29, III A)

A1 L'adjectif qualificatif épithète s'accorde en genre et en nombre avec le nom qu'il qualifie :

Il possédait une merveilleuse villa blanche.
fém. sing. fém. sing. fém. sing.

L'enfant ravi monta sur son vélo neuf.
masc. sing. masc. sing. masc. sing. masc. sing.

A2 Lorsque l'adjectif qualifie plusieurs noms, il se met au pluriel :

Les étrangers aiment la cuisine et la littérature françaises.
fém. sing. fém. sing. fém. pluriel

A3 Lorsque l'adjectif qualifie plusieurs noms de genres différents, il se met au masculin pluriel :

L'homme portait une chemise et un pantalon blancs.
fém. sing. masc. sing. masc. pl.

⚠ A4 Pluriel des adjectifs composés

L'accord des adjectifs composés dépend de la nature des mots qui les composent.

a. Si l'adjectif composé est formé de **deux adjectifs,** les deux adjectifs s'accordent en genre et en nombre :

Il prononça des paroles aigres-douces.
fém. pl. fém. pl. fém. pl.

b. Si l'adjectif composé est formé d'**un élément invariable et d'un adjectif,** seul l'adjectif s'accorde en genre et en nombre :

Il abandonna à l'avant-dernière montée.
inv. fém. sing. fém. sing.

c. Les **adjectifs** composés désignant des **couleurs** ne s'accordent ni en genre ni en nombre :

Ils portaient des <u>chemises</u> <u>rose pâle</u> et des <u>pantalons</u>
<u>bleu foncé</u>.   fém. pl.   inv.   masc. pl.
inv.

(Pour plus de détails sur l'accord des adjectifs de couleur, voir page 30, A3-A4)

B   *Accord de l'adjectif qualificatif attribut*

B1   L'adjectif qualificatif attribut s'accorde en genre et en nombre avec le groupe nominal sujet :

Ah ! que <u>la vie</u> était <u>belle</u> en ce temps-là, même les
    fém. sing.   fém. sing.

<u>chiens</u> paraissaient <u>heureux</u>.
masc. pl.   masc. pl.

B2   S'il y a deux groupes nominaux sujets, l'adjectif attribut se met au pluriel ; si ces deux GNS sont de genre différent, l'adjectif attribut se met au masculin pluriel :

Quand je les vis partir, <u>l'homme</u> et <u>la petite fille</u> parais-
saient très <u>gais</u>.   masc. sing.   fém. sing.
masc. pl.

B3   Lorsque l'adjectif attribut est construit avec *avoir l'air*, on peut soit le mettre au masculin singulier en l'accordant avec le nom *air* (masculin singulier) :

Elle a l'air bien <u>sérieux</u>.

soit l'accorder avec le sujet :

Elle a l'air bien <u>sérieuse</u>.

UNIVERSITY OF OTTAWA
INSTITUT DES LANGUES SECONDES
SECOND LANGUAGE INSTITUTE
UNIVERSITÉ D'OTTAWA

III ACCORD DU PARTICIPE PASSÉ

A *Participe passé employé comme épithète*

Le participe passé en fonction d'épithète s'accorde en genre et en nombre avec le nom qu'il qualifie :

Un homme <u>averti</u> en vaut deux.
<u>masc. sing.</u>   <u>masc. sing.</u>

Une femme <u>vexée</u> est dangereuse.
<u>fém. sing.</u>   <u>fém. sing.</u>

B *Participe passé employé avec l'auxiliaire* avoir

B1 Lorsqu'il n'y a pas de complément d'objet direct, le participe passé reste invariable :

Ils   avaient <u>couru</u> comme des fous.
<u>masc. pl.</u>   inv.

B2 Lorsque le complément d'objet direct se trouve après le verbe, le participe passé reste aussi invariable :

<u>Les enfants</u> ont <u>dévoré</u> <u>tous les gâteaux.</u>
  pl.   inv.   COD

B3 Lorsque le complément d'objet direct se trouve placé avant le verbe, le participe passé s'accorde en genre et en nombre avec lui.

Tu n'as même pas regardé <u>les fleurs</u> que je t'ai <u>offertes.</u>
                  COD   fém. pl.
                  fém. pl.

11

C *Participe passé employé avec l'auxiliaire* **être**

Il s'accorde en genre et en nombre avec le GNS :

Les feuilles des arbres étaient tombées.
fém. pl.   fém. pl.

⚠ **C1** Le participe passé du verbe pronominal présente plusieurs cas d'accord.

a. Lorsque le pronom (*me, te, se,* ...) est le complément d'objet direct du verbe (*se rencontrer, se baigner, se vendre, se sauver,* ...), le participe passé s'accorde en genre et en nombre avec le sujet :

Elles se sont baignées dans la rivière.
fém. pl.   fém. pl.

Ils se sont rencontrés aux courses.
masc. pl.   masc. pl.

b. Lorsque le pronom est le complément d'objet indirect du verbe (*s'acheter, se faire mal, se dire,* etc.), le participe passé ne s'accorde ni en genre ni en nombre avec le sujet :

Elle   s'est dit qu'il ne viendrait pas.
fém. sing. COI   inv.

Elles se sont lavé les mains.
COI

En revanche, le participe passé s'accordera avec le complément d'objet direct s'il est placé avant le verbe :

Tu ne peux imaginer les choses que   je me suis dites.
                     fém. pl.   fém. pl.   fém. pl.
                       ↑_____|
                           COD

L'ADJECTIF QUALIFICATIF

Ce qu'il faut savoir

● Comme son nom l'indique, l'adjectif qualificatif sert à préciser une qualité, une caractéristique d'un être animé ou d'une chose inanimée : *beau, laid, gentil, méchant, blanc, noir* sont des adjectifs qualificatifs.

● Il faut bien distinguer les adjectifs qualificatifs d'autres mots que l'on nomme aussi adjectifs : les adjectifs possessifs *(mon, ton, son...)*, les adjectifs démonstratifs *(ce, cette...)*, etc. (voir *Déterminants*, pages 126 et suiv.).

● Les adjectifs qualificatifs sont très nombreux (ce sont des mots **lexicaux**) alors que les adjectifs non qualificatifs sont en petit nombre (ils font partie des mots grammaticaux) (voir pages 163 et suiv.).

● L'adjectif qualificatif peut avoir plusieurs fonctions.

- S'il appartient au groupe verbal, il est **attribut :**

     Cette fillette <u>est cruelle</u>.
                     GV

- S'il appartient au groupe nominal, il peut être :

1. **Épithète :**

     <u>La cruelle fillette</u> a laissé mourir son poisson rouge.
          GN

2. **Mis en apposition :**

     <u>La fillette, cruelle</u>, a laissé mourir son poisson rouge.
          GN

● C'est parce qu'ils peuvent tous remplir ces trois fonctions que les adjectifs qualificatifs forment une **classe grammaticale,** de même que les noms et les verbes (voir *Mots grammaticaux / Mots lexicaux*, page 169, B4).

QUELLES FONCTIONS PEUT ASSURER L'ADJECTIF QUALIFICATIF ?

A | *L'adjectif peut être attribut : il appartient au groupe verbal*

A1 Attribut du sujet / Attribut du complément d'objet direct

L'adjectif qualificatif est le plus souvent attribut du sujet :

L'homme paraissait fatigué, sa démarche était lourde.

sujet — attribut sujet — sujet — attribut sujet

Tu es idiot, ou quoi ?

sujet — attribut sujet

Dans certains cas, l'adjectif qualificatif assure la fonction d'attribut du complément d'objet :

J'ai trouvé vos propositions intéressantes.

COD — attribut COD

Je le crois sincère.

COD — attribut COD

L'adjectif qualificatif se rencontre en fonction d'attribut du complément d'objet direct avec des verbes comme *croire, juger, faire, estimer, rendre, trouver, nommer, laisser, appeler...*

A2 Construction de l'attribut

Qu'il soit attribut du sujet ou attribut du complément d'objet direct, l'adjectif exprime une qualité concernant le sujet ou le complément d'objet direct par l'intermédiaire d'un élément de type verbal :

Le vase est beau, mais je le trouve cher.

sujet — attribut sujet — COD — attribut COD

Dans l'exemple ci-dessus, les adjectifs *beau* et *cher* permettent d'attribuer par l'intermédiaire des éléments de type verbal *est* et *trouve* les qualités de *beauté* et de *cherté* au mot *vase* qui occupe dans la phrase d'abord la fonction de sujet et ensuite la fonction de COD (par l'intermédiaire du pronom *le*).

A3 L'adjectif n'est pas supprimable

L'adjectif qualificatif en fonction d'attribut fait partie du groupe verbal dont il est un élément indispensable.

Ainsi, dans les phrases suivantes :

> Cet enfant est sensible.
>
> Il en est resté stupéfait.
>
> Soudain l'homme devint nerveux.

les adjectifs *sensible, stupéfait, nerveux* ne peuvent en aucun cas être supprimés.

- ★ Cet enfant est.
- ★ Il en est resté.
- ★ Soudain l'homme devint.

ne constituent pas des phrases complètes.

De même, si on essaie de supprimer les éléments verbaux *est, est resté* et *devint,* les phrases ne sont pas complètes :

- ★ Cet enfant sensible...
- ★ Soudain l'homme nerveux...

➡ C'est donc la combinaison des éléments de types verbaux et des adjectifs qualificatifs qui permet à ces phrases d'être acceptables et complètes. Le groupe verbal est constitué ici de l'élément de type verbal **et** de l'adjectif attribut ; ils sont indissociables.

> REMARQUE. En cela l'adjectif attribut se distingue des autres compléments de verbe (COD, COI, COS) qui, dans certains cas, peuvent être supprimés (voir pages 78, B1 ; 94, B1 ; 108, B1).

A4 Les mots qui forment avec l'adjectif attribut le groupe verbal sont en nombre limité ; ce sont, par exemple, *être, devenir, paraître, sembler, demeurer, avoir l'air, passer pour, être considéré comme, être traité de,* etc.

Ils portent les marques de temps et de personnes du groupe verbal.

> Il **devient** malade.
> sujet   attribut
>
> Il deven**ait** malade.
>
> Il deviend**ra** malade.
>
> Il est deven**u** malade.

Ces verbes sont parfois appelés **verbes d'état.**

REMARQUE. D'autres éléments que l'adjectif qualificatif peuvent occuper la fonction d'attribut du sujet.

- Un nom ou un groupe nominal :

Son père est le maçon du village.

attribut du sujet

- Un pronom :

Il redevint lui-même.

attribut du sujet

- Un infinitif :

Mon idée était d'agir au plus vite.

attribut du sujet

- Une proposition :

L'ennui est que les gens aient appris la chose.

attribut du sujet

A5   La place de l'adjectif attribut

L'adjectif en fonction d'attribut se place normalement après l'élément avec lequel il forme le groupe verbal :

Les vagues étaient blanches.

sujet   être   attribut

GV

REMARQUE. Cependant, lorsque l'on veut mettre en évidence l'adjectif qualificatif attribut, on le place en tête de la phrase et il est immédiatement suivi de *être* :

Blanches étaient les vagues.

GV   sujet

A6   Accord de l'adjectif attribut

L'adjectif qualificatif en fonction d'attribut s'accorde en genre et en nombre avec le sujet (ou avec l'objet s'il s'agit d'un attribut du complément d'objet).

Cette petite fille deviendra grande.

sujet fém. sing.   attribut fém. sing.

Je la trouve intelligente.

COD   attribut
fém. sing.   fém. sing.

(Pour plus de détails sur l'accord de l'adjectif, voir page 29, III.)

B | *L'adjectif peut être épithète : il appartient au groupe nominal*

B1 L'adjectif épithète est directement relié au nom

Lorsque l'adjectif est en fonction d'épithète, il apporte au nom une qualité particulière sans avoir besoin de l'intermédiaire d'un élément verbal. Il est donc directement lié au nom qu'il qualifie et cette caractéristique le distingue de l'adjectif qualificatif attribut :

> Une grande maison se dressait sur la colline.
>
> épithète

> Elle semblait inhabitée.
>
> sujet   attribut du sujet

B2 L'adjectif épithète peut être supprimé

Généralement, l'adjectif n'est pas un élément essentiel de la phrase ; on peut le supprimer sans rendre la phrase inacceptable. Retirer un adjectif épithète, c'est simplement choisir de ne pas exprimer une qualité particulière du nom.

> Ma fille a ramené un petit chat blanc.

on peut supprimer l'adjectif épithète *petit* :

> Ma fille a ramené un X chat blanc.

et même l'éphithète *blanc* :

> Ma fille a ramené un X chat X.

➜ L'adjectif qualificatif en fonction d'épithète fait partie intégrante du groupe nominal, dont il ne constitue pas un élément obligatoire.

B3 De façon générale, l'adjectif qualificatif épithète **est en relation directe avec un nom** (nom commun ou éventuellement nom propre) :

> Le vieil homme.

> Le grand Pierre.

REMARQUE. La présence d'un adjectif entraîne souvent pour un nom propre la présence d'un article défini :

> La grande Berthe.

L'adjectif qualificatif peut être épithète d'un nom quelle que soit la fonction de celui-ci :

> J'adore le vin rouge.
> COD   épithète

> Elle me regardait avec les yeux tristes d'une enfant abandonnée.
> épithète   CC   épithète   C. du nom

B4   D'autres mots peuvent assurer la fonction d'épithète.

a. L'adjectif verbal :

> La petite fille courant vers son père poussait des cris perçants.

Dans cet exemple, il faut distinguer soigneusement *courant* et *perçants* :

courant est un participe présent ; il est invariable et ne peut être remplacé par un adjectif qualificatif : il n'est pas en fonction d'épithète.

perçants est un adjectif verbal ; il s'accorde en genre et en nombre et peut être remplacé par un adjectif qualificatif ; il est en fonction d'épithète.

> REMARQUE. Dans un certain nombre de verbes, l'adjectif verbal se distingue du participe présent par l'orthographe :
>
> | Participe présent | Adjectif verbal |
> |---|---|
> | provo**qu**ant | provo**c**ant |
> | convain**qu**ant | convain**c**ant |
> | intri**gu**ant | intri**g**ant |
> | négli**gea**nt | néglig**e**nt |
> | précé**d**ant | précéd**e**nt |

b. Le participe passé :

> Je préfère monter un cheval dressé.
> épithète

Le participe passé *dressé* employé seul (c'est-à-dire sans l'auxiliaire *avoir* ou *être*) est en fonction d'épithète du nom *cheval* ; il peut être remplacé par un adjectif qualificatif et s'accorde en genre et en nombre avec le nom.

B5   Place de l'adjectif qualificatif épithète

Généralement, la plupart des adjectifs qualificatifs en fonction d'épithète se placent après le nom qu'ils déterminent.

Il convient cependant de remarquer que certains se placent obligatoirement après le nom, d'autre normalement avant, d'autres enfin, tantôt avant, tantôt après.

a. Les adjectifs de couleur, les participes passés (employés comme adjectifs) et les adjectifs verbaux se placent normalement **après** le nom :

Il y avait des roses rouges dans toutes les pièces.

Un chien dressé montait la garde jour et nuit.

b. Les adjectifs qui évoquent une relation (qui a rapport à) tels que : four *solaire* (qui fonctionne grâce au soleil) ; évêque *catholique* (qui appartient à l'Église catholique) ; transports *aériens* (qui s'effectuent par les airs), se placent nécessairement **après** le nom.

c. Un nombre restreint d'adjectifs (le plus souvent assez courts et d'usage fréquent) se placent normalement **avant** le nom :

Ce n'est finalement qu'une petite contrariété pour elle.

d. Quelques adjectifs peuvent se placer **avant ou après** le nom ; ce changement de place peut entraîner
- soit un changement complet de sens :

Un brave garçon / Un garçon brave

Un grand homme / Un homme grand

Un curieux enfant / Un enfant curieux

- soit simplement une mise en valeur de la qualité exprimée par l'adjectif qualificatif :

Elle habitait une maison somptueuse. (Elle habitait une somptueuse maison.)

Elle possédait une voix merveilleuse. (Elle possédait une merveilleuse voix de soprano.)

REMARQUE. Dans ce dernier exemple, le placement de l'adjectif *merveilleuse* avant le nom est d'autant plus facile que le nom *voix* est déterminé par le complément *de soprano*. L'antéposition de l'adjectif semble s'imposer dès lors que le nom est suivi d'un complément.

e. Lorsqu'un nom se trouve qualifié par **deux adjectifs** qualificatifs épithètes, trois cas sont possibles.

● Les deux adjectifs se placent normalement avant le nom et, dans ce cas, ils sont coordonnés :

   C'était un grand et gros garçon.

REMARQUE. On pourrait cependant les placer tous les deux après :

   C'était un garçon grand et gros.

● Les deux adjectifs se distribuent l'un avant, l'autre après le nom :

   Une belle chemise jaune.

Dans ce cas ils ne sont pas coordonnés.

● Les deux adjectifs se placent normalement après le nom :

   Il a choisi une épouse française et catholique.

Dans ce cas, ils sont le plus souvent coordonnés.

REMARQUE. 1. Quand deux adjectifs expriment des caractéristiques du même ordre, ils sont généralement coordonnés :

   Il portait souvent une chemise rouge et noire.

Quand ils expriment des qualités d'ordre différent, les deux adjectifs se placent de part et d'autre du nom :

   On construit une grande route nationale.

2. Le principal problème lorsque l'on utilise un adjectif épithète est de le placer de telle sorte que celui qui nous écoute (ou nous lit) sache sans aucun doute ce que l'adjectif qualificatif détermine :

   J'ai parcouru des prairies vertes, des pentes neigeuses, des contrées immenses pour l'amour de Marie.

Chacun des trois adjectifs qualificatifs épithètes : *vertes, neigeuses* et *immenses,* appartient à un groupe nominal particulier. Au sein de chacun de ces groupes, chacun de ces trois adjectifs détermine un nom particulier :

   vertes → prairies   : groupe nominal A
   neigeuses → pentes   : groupe nominal B
   immenses → contrées   : groupe nominal C

La place de chaque adjectif épithète peut varier, mais dans les seules limites du groupe nominal auquel il appartient ; dès que l'adjectif dépasse la frontière de son groupe nominal, il tombe sous l'influence d'un autre nom dont il devient l'épithète.

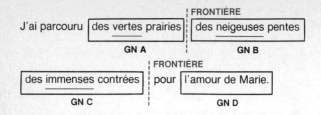

B6 Accord de l'adjectif épithète

L'adjectif qualificatif en fonction d'épithète s'accorde en genre et en nombre avec le nom qu'il détermine :

Il possède une somptueuse maison blanche.

fém. sing.   fém. sing. fém. sing.

J'adore ces petits poneys larges et trapus.

masc. pl. masc. pl. masc. pl.   masc. pl.

C L'adjectif peut être mis en apposition : il appartient au groupe nominal

C1 L'adjectif qualificatif mis en apposition apporte une qualité sans avoir recours à l'intermédiaire d'un élément de type verbal ; en ce sens, il se rapproche de la fonction épithète et **se distingue de la fonction attribut :**

Honteux, les enfants s'éloignèrent.

apposition

Les enfants sages furent récompensés.

épithète

Les enfants restèrent calmes malgré l'orage.

attribut
du sujet

C2 L'adjectif mis en apposition **se distingue de l'adjectif épithète.**
La qualité, la caractéristique, s'applique à **l'ensemble** des êtres ou des choses évoqués :

Honteux, les enfants s'éloignèrent.

La fonction d'apposition implique que **tous** les enfants dont on parle soient honteux et non une partie d'entre eux seulement.

En revanche, dans l'exemple :

Les enfants <u>sages</u> furent récompensés.

La fonction d'épithète remplie par l'adjectif *sages* divise les enfants en deux groupes :

1. ceux qui furent sages et qui furent récompensés,

2. ceux qui ne furent pas sages et qui n'eurent pas droit à une récompense.

On peut présenter la différence entre la fonction épithète et celle d'apposition par les schémas suivants :

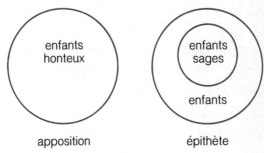

apposition   épithète

C3   L'adjectif qualificatif mis en apposition est séparé par une pause (à l'oral) ou par une virgule (à l'écrit) du nom qu'il qualifie :

<u>Confuse</u>, la jeune fille tourna les talons.

Les loups, <u>affamés</u>, tournaient autour du camp.

Ils remontèrent en voiture, <u>heureux d'avoir réussi</u>.

REMARQUE. L'adjectif mis en apposition est très souvent suivi d'un complément : *content de sa journée ; plein d'espoir ; effrayé à l'idée que...*

C4   Place de l'adjectif en apposition

L'adjectif qualificatif mis en apposition peut être déplacé dans une phrase beaucoup plus facilement que l'adjectif épithète. En fait, l'apposition peut être placée à n'importe quel endroit de la phrase, tant que l'on est sûr que l'auditeur (ou le lecteur) ne risque pas de se tromper sur le nom auquel l'adjectif est apposé :

<u>Ravi</u>, l'enfant mangeait sa pomme dans la cour.

GN A   **GN B**   **GN C**

L'enfant, ravi, mangeait sa pomme dans la cour.
GN A   GN B   GN C

L'enfant mangeait sa pomme dans la cour, ravi.
GN A   GN B   GN C

Quelle que soit la place de l'adjectif *ravi,* il n'y a aucun doute sur le fait que c'est bien au groupe nominal A *(l'enfant)* qu'il est apposé : ni *la cour,* ni *la pomme,* ne peuvent se voir qualifier de *ravies.*

En revanche, si l'on considère la phrase :

Abattu, l'homme contemplait l'arbre.
GN A   GN B

On peut placer *abattu* après *l'homme :*

L'homme, abattu, contemplait l'arbre.
GN A   GN B

On peut placer *abattu* après le verbe :

L'homme contemplait, abattu, l'arbre.
GN A   GN B

On peut enfin mettre l'adjectif en fin de phrase mais en prenant particulièrement soin de le détacher par une pause afin d'éviter que *abattu* ne devienne épithète du nom *arbre* et fasse partie du groupe nominal B :

L'homme contemplait l'arbre, abattu.
GN A   GN B

→   L'adjectif apposé, lorsque l'on prend bien soin de le détacher par une pause ou une virgule, qualifie naturellement le **sujet** de la phrase plutôt qu'un nom ayant une autre fonction.

C5   Accord de l'adjectif en apposition

L'adjectif qualificatif mis en apposition s'accorde en genre et en nombre avec le nom qu'il détermine :

Confuse,   la jeune fille s'en alla.
fém. sing.   fém. sing.

Pleins d'espoir, ils se précipitèrent vers la sortie.

masc. pl.   masc. pl.

(Pour plus de détails sur l'accord de l'adjectif, voir page 29, III.)

REMARQUE. Il est intéressant de constater que contrairement à l'adjectif épithète qui ne peut qualifier qu'un nom, l'adjectif qualificatif en apposition peut déterminer un **pronom personnel** en fonction sujet ; dans ce cas, il se placera soit avant le groupe sujet-verbe, soit après ; il ne peut séparer le pronom personnel sujet du verbe :

Calmé, il s'en retourna chez lui.

★ Il, calmé, s'en retourna chez lui.

II LES DEGRÉS DE QUALIFICATION DE L'ADJECTIF QUALIFICATIF

Comme nous l'avons vu, l'adjectif qualificatif exprime une caractéristique, une qualité d'un être animé ou d'un objet inanimé ; cette qualité peut être exprimée avec plus ou moins de force.

Un être ou un objet peut être :
- **plus** ou **moins** grand **que** quelqu'un ou quelque chose : **comparatif ;**
- **très** grand ; ou **le plus** grand **de** tous : **superlatif.**

A Le comparatif

A1 Le comparatif de supériorité

Pierre est plus intelligent que Jacques.

Dans cette phrase, l'adjectif qualificatif *intelligent* qualifie à la fois Pierre et Jacques. Mais, en utilisant la forme *plus...que,* on indique que la qualité d'intelligence s'applique avec plus de force à Pierre qu'à Jacques. Pierre a une intelligence supérieure à celle de Jacques. La forme *plus...que* entourant l'adjectif qualificatif permet d'exprimer le **comparatif de supériorité :**

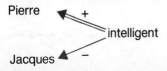

Pierre
+
intelligent
Jacques
−

Pierre est plus <u>bête</u> que <u>méchant</u>.

Dans cette phrase, Pierre se voit attribuer deux caractéristiques : *bête* et *méchant* ; mais, en utilisant la forme *plus...que,* on indique que la caractéristique de bêtise est plus importante que celle de méchanceté.

Il s'agit aussi du comparatif du supériorité :

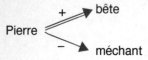

A2   Le comparatif d'infériorité

Si, au lieu d'utiliser la forme *plus...que,* on utilise la forme *moins...que,* on obtient une comparaison d'un autre type : le **comparatif d'infériorité.**

Pierre est moins <u>drôle</u> que Jacques.

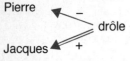

Cet objet est moins <u>utile</u> que <u>dangereux</u>.

A3   Le comparatif d'égalité

Si enfin, on emploie la forme *aussi...que,* on marquera un **comparatif d'égalité** :

Pierre est aussi <u>séduisant</u> que Jacques.

Cette femme est aussi <u>belle</u> qu'<u>intelligente</u>.

REMARQUE. 1. Dans les phrases de ce type on rencontrera souvent une reprise utilisant la forme verbale avec *être* :

Cette femme est aussi belle qu'elle est intelligente.

2. On peut établir une comparaison d'égalité entre deux qualités attribuées chacune à une personne ou un objet différent :

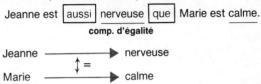

Jeanne est | aussi | nerveuse | que | Marie est calme.

comp. d'égalité

A4 La forme comparative comporte donc un élément *plus, moins, aussi* qui précède l'adjectif qualificatif ; celui-ci est suivi de *que* qui introduit le deuxième terme de la comparaison :

Le tigre est { plus / moins / aussi } féroce que le lion.

| indicateur du type de comparatif | adjectif qualificatif | introduit le 2e terme de comparaison |

Le deuxième terme de la comparaison peut être :

● un nom :

Le tigre est plus féroce que le lion.

● un autre adjectif :

Il est plus bête que méchant.

● un adverbe :

Il fait moins beau aujourd'hui qu'hier.

● un complément circonstanciel prépositionnel :

Il fait meilleur ici que dans ma chambre.

REMARQUE.
1. On trouve fréquemment des phrases où le premier terme de comparaison est sous-entendu :

Il fait moins beau qu'hier.
Il fait meilleur que dans ma chambre.

2. De même, le deuxième terme de la comparaison n'est souvent pas absolument obligatoire : il peut être sous-entendu ou négligé.

Le soleil faisait paraître la plage plus blanche.
Il rêve d'une essence moins chère.

⚠ A5   Les comparatifs irréguliers

Il existe trois adjectifs qui possèdent un comparatif de supériorité irrégulier :

bon → **meilleur**

> Le vin est meilleur en Europe qu'aux États-Unis.

mauvais → **pire**

> Sa situation est pire que la tienne.

petit → **moindre**

> C'est un moindre mal.

On ne doit pas utiliser *meilleur, pire, moindre* au comparatif : ce sont eux-mêmes déjà des comparatifs.

On ne dira donc pas :

* ⋆ plus ou moins meilleur
* ⋆ plus ou moins pire
* ⋆ plus ou moins moindre

B   *Le superlatif*

B1   Le superlatif relatif

Il permet de distinguer à l'intérieur d'un même ensemble des éléments qui possèdent une qualité au plus haut ou au plus bas degré.

● Superlatif relatif de supériorité : le(s) plus... (de ...)
● Superlatif relatif d'infériorité : le(s) moins... (de ...)

> J'ai choisi les plus rapides des joueurs.

> Elle a cueilli les moins belles des fleurs.

Le superlatif relatif peut ne pas être suivi du complément introduit par *de* qui indique l'ensemble des objets *(fleurs)* ou des êtres *(joueurs)* soumis au superlatif relatif ; dans ce cas, le nom précède l'adjectif au superlatif :

> J'ai choisi les joueurs les moins rapides.

> Elle a cueilli les fleurs les moins belles.

> Écoutez les musiques les plus belles à l'horaire le plus fou.

B2 Le superlatif absolu

Il permet d'indiquer le très haut degré d'une qualité attribuée à un être ou à un objet sans qu'il soit question de le comparer à d'autres êtres ou objets possédant aussi cette qualité.

Il se forme en faisant précéder l'adjectif de l'adverbe **très** ou de l'un des adverbes de quantité qui peuvent se substituer à lui pour marquer le haut degré d'une qualité :

Il est { très / super / extrêmement / etc. } intelligent.

Elle est { merveilleusement / drôlement / fort / etc. } belle.

REMARQUE. Certains adjectifs comme *excellent, exceptionnel, formidable*, marquent par eux-mêmes un haut degré de qualité et ne peuvent être mis au comparatif ni au superlatif. On ne peut pas dire :

* ★ La soupe était plus excellente que le dessert.
* ★ Cette fille est la plus exceptionnelle de celles que j'ai connues.

III ACCORD, GENRE ET NOMBRE DES ADJECTIFS

A L'accord des adjectifs

L'adjectif qualificatif, qu'il soit épithète, attribut ou mis en apposition, s'accorde en genre et en nombre avec le nom qu'il qualifie :

J'ai acheté des fleurs merveilleu**ses**.
_____ _____
fém. pl. épithète

De loin, la ville semblait plus **belle**.
_____ _____
fém. sing. attribut

Affol**ées**, les brebis s'enfuirent.
_____ _____
apposition fém. pl.

⚠ **A1**   Lorsqu'un adjectif qualifie plusieurs noms, il se met au pluriel :

Un homme et un enfant beaux comme des dieux s'avan-
sing.   sing.   pluriel

cèrent.

⚠ **A2**   Lorsqu'un adjectif qualifie plusieurs noms de genres différents, l'adjectif qualificatif se met au masculin pluriel :

Le chat, la belette et la souris semblèrent atterrés.
masc.   fém.   fém.   masc. pl.

⚠ **A3**   Les noms de fleurs ou de fruits employés comme adjectifs
qualificatifs ne s'accordent ni en genre ni en nombre :

Nous portons toutes les deux des robes orange.
                                   pluriel   invariable

> REMARQUE. L'adjectif *rose* s'accorde en genre et en nombre :
>
> Elle a toujours les joues roses.

⚠ **A4**   **Les adjectifs composés**

L'accord des adjectifs composés dépend de la nature des
mots qui les composent :

a. Si l'adjectif composé est formé de deux adjectifs, les deux
adjectifs s'accordent en genre et en nombre :

Il prononça des paroles   aigres-douces.
              fém. pl.   fém. pl.

b. Si l'adjectif composé est formé d'un élément invariable et d'un
adjectif, seul l'adjectif s'accorde en genre et en nombre :

Il abandonna à l'avant-dernière   montée.
                 inv.   fém. sing.   fém. sing.

c. Les adjectifs composés désignant des couleurs ne s'accordent ni
en genre ni en nombre :

Ils portaient tous des chemises   rose pâle et des panta-
                      fém. pl.   invariable   masc. pl.

lons bleu foncé.
     invariable

B Le genre des adjectifs qualificatifs

ADJECTIFS		RÈGLES	CHANGEMENT	
Masculin	**Féminin**		**A l'écrit**	**A l'oral**
petit abondant grand joli	petite abondante grande jolie	On forme le plus souvent le féminin des adjectifs en ajoutant simplement un **e.**	oui	oui si le masc. se termine par une consonne
aimable pâle	aimable pâle	Les adjectifs se terminant par un **e** ne changent pas au féminin.	non	non
joli vrai pointu	jolie vraie pointue	Les adjectifs se terminant par les voyelles **i, ai, u,** etc., prennent un **e** au féminin.	oui	non
bon ancien	bonne ancienne	Les adjectifs se terminant par **on** et **ien** doublent leur consonne finale au féminin.	oui	oui
cruel nul pareil	cruelle nulle pareille	Les adjectifs se terminant par **el, ul** et **eil** doublent leur consonne au féminin.	oui	non
coquet complet	coquette complète	Les adjectifs terminés par **et** doublent leur consonne finale au féminin sauf *complet, désuet, discret, inquiet...* qui se terminent par **ète.**	oui	oui
idiot sot	idiote sotte	Les adjectifs terminés par **ot** ont un féminin en **ote** sauf *pâlot, vieillot, sot...* qui se terminent par **otte.**	oui	oui
gris bas	grise basse	Les adjectifs terminés par **s** ont un féminin en **se** sauf *bas, épais...* qui forment le féminin en **sse** ; *frais* qui devient frai**che**, etc.	oui	oui
nerveux doux	nerveuse douce	Les adjectifs terminés par **x** font leur féminin en **se** sauf *doux, faux, roux... : douce, fausse, rousse.*	oui	oui

ADJECTIF		RÈGLES	CHANGEMENT	
Masculin	Féminin		A l'écrit	A l'oral
léger	légère	Les adjectifs terminés par **er** forment leur féminin en **ère.**	oui	oui
neuf	neuve	Les adjectifs terminés par **f** forment leur féminin en **ve.**	oui	oui
beau fou vieux	belle folle vieille	Les adjectifs *beau, nouveau, fou, mou, vieux* donnent au féminin : *belle, nouvelle, folle, molle, vieille.* Remarquons que les formes du masculin se prononcent de la même façon que celles du féminin lorsque l'adjectif est suivi d'un nom commençant par une voyelle : *un vieil abruti, un fol amour, un nouvel appartement.*	oui	oui
franc blanc	franche blanche	Les adjectifs terminés par **c** font souvent leur féminin en **che.**	oui	oui

C *Le nombre des adjectifs qualificatifs*

ADJECTIFS		RÈGLES	CHANGEMENT	
Singulier	Pluriel		A l'écrit	A l'oral
grand petit	grands petits	On forme le plus souvent le pluriel de l'adjectif en ajoutant un **s.**	oui	non
doux gros	doux gros	Terminés par **s** ou **x**, les adjectifs ne changent pas au masculin pluriel.	non	non
royal navals	royaux navals	Terminés par **al**, ils forment leur pluriel en **aux** sauf : *banal bancal, fatal, final, glacial, natal, naval* qui prennent un **s.**	oui	oui et non pour les exceptions

IV VISUALISATIONS

Il est intéressant de constater grâce à des types de visualisations différents le comportement syntaxique particulier de l'adjectif selon qu'il est en fonction d'épithète ou en fonction d'attribut.

A Représentation en arbre

A1 L'adjectif qualificatif en fonction d'épithète fait partie du GN

Cet enfant adore les plats sucrés.

adjectif épithète

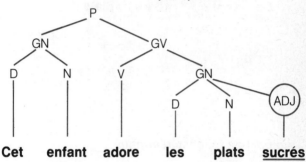

A2 L'adjectif qualificatif en fonction d'attribut fait partie du GV

Cet homme est courageux.

adjectif attribut

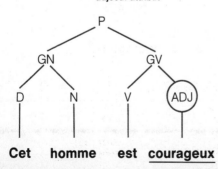

B   *Représentation en cercles concentriques*

B1   Adjectif en fonction d'épithète

Cet enfant adore les plats sucrés.

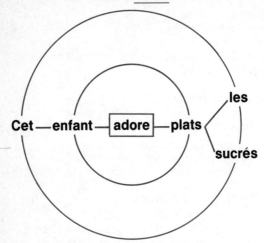

B2   Adjectif en fonction d'attribut

Cet homme est courageux.

L'ADVERBE

Ce qu'il faut savoir

● Les adverbes constituent un ensemble de mots qui présente une grande diversité de formes, de rôles et de comportements.

Diversité des formes. On trouve :

des mots : ici, heureusement, hier, assez...

des locutions adverbiales : à peu près, au moins, tout à coup, jusque là...

Diversité des rôles. Ils peuvent modifier (compléter, préciser, déterminer) le sens :

d'un verbe :   Il dort mal.

d'un adjectif :   Une très belle journée.

d'un autre adverbe :   Il vient très souvent.

d'une proposition entière :   Heureusement, il n'a pas plu

                               depuis une semaine.

Diversité des comportements. Ils peuvent en général se combiner entre eux, mais il y a des combinaisons impossibles :

assez souvent - beaucoup trop - beaucoup moins
* assez beaucoup

● Il est difficile de dire si les adverbes sont des mots grammaticaux ou des mots lexicaux (voir pages 163 et suiv.).

En effet, ils sont moins nombreux que les noms, les verbes et les adjectifs mais, en fonction des besoins de la communication, on peut créer facilement de nouveaux adverbes, notamment grâce au suffixe **-ment** qui permet de fabriquer un adverbe à partir d'un adjectif. La langue « populaire » en offre de nombreux exemples :

mignon → mignonnement,

sacré → sacrément.

I CARACTÈRES COMMUNS A TOUS LES ADVERBES

A *Les adverbes sont invariables*

Ils ne s'accordent ni en genre ni en nombre :

Il est trop petit.

Elles sont trop petites.

B *Les adverbes sont les seuls mots qui permettent de modifier le sens des verbes*

Il dort.
Il dort mal.

On peut dire que l'adverbe modifie le verbe comme l'adjectif qualificatif modifie le nom.

Il faut cependant noter que :

- Contrairement à l'adjectif, l'adverbe ne s'accorde pas avec le mot qu'il modifie.

- L'adverbe peut être utilisé pour modifier non seulement le sens d'un verbe mais aussi celui d'un adjectif, d'un autre adverbe, d'une proposition.

II LE ROLE DES ADVERBES

A *L'adverbe modifie un verbe* (voir ci-dessus).

A1 Fonction de l'adverbe

Lorsqu'il modifie le verbe, l'adverbe assure la fonction de complément circonstanciel exprimant le temps, le lieu, la manière, etc. Contrairement à d'autres compléments circonstanciels, il n'est pas introduit par une préposition (voir page 60).

Il mange goulûment.   Il habite ici.

　　　C.C. manière   C.C. lieu

Nous viendrons demain.

　　　C.C. temps

A2   Place de l'adverbe

Comme tout complément circonstanciel, l'adverbe modifiant le verbe est déplaçable.

On le trouve généralement après le verbe :

Il se promène lentement autour du lac.

    verbe   adv.

REMARQUE.

1. Si l'on veut attirer l'attention sur la lenteur de la promenade on le placera en tête ou à la fin de la phrase :

Lentement, il se promène autour du lac.

Il se promène autour du lac, lentement.

2. Dans certains cas, le renvoi de l'adverbe en tête de phrase le détache nettement du verbe, surtout si l'adverbe est suivi d'une pause (à l'oral), d'une virgule (à l'écrit). L'adverbe peut alors modifier non seulement le verbe mais l'ensemble de la phrase.

La porte grinça curieusement. (l'adverbe modifie le verbe)

Curieusement, la porte grinça. (l'adverbe modifie la phrase entière)

 Dans le cas où le verbe est conjugué à un temps composé, l'adverbe peut se placer entre l'auxiliaire et le participe passé :

Il a trop mangé. (* Il a mangé trop)

Il a bien bu. (* Il a bu bien)

B   *L'adverbe modifie un adjectif qualificatif*

Il était assis sur une petite chaise.

Il était assis sur une très petite chaise.

En ajoutant *très,* on précise, on détermine le sens de l'adjectif qualificatif *petite.* Les adverbes qui modifient un adjectif qualificatif sont surtout des adverbes exprimant la quantité ou l'intensité (voir classement des adverbes, page 42, III).

L'adverbe peut modifier soit un adjectif épithète, soit un adjectif attribut :

Il avait bu une trop grande quantité d'eau.

                 épithète

De loin elle paraissait assez jolie...

                 attribut

B1 Place de l'adverbe

Lorsque l'adverbe modifie l'adjectif qualificatif, il est presque toujours placé **avant** l'adjectif ;

> Un très gros chien.
>
> Un chien très gros.

Il suit l'adjectif dans ses déplacements et ne peut en être séparé :

> Il était très beau.
>
> Très beau, il l'était.
>
> (* Très il était beau)

REMARQUE. Le renvoi (rare) de l'adverbe après l'adjectif peut être utilisé pour le mettre en valeur

> Elle est délicieusement parfumée.
>
> Elle est parfumée, délicieusement.

B2 Visualisation

a. Représentation en cercles concentriques :

> J'ai trouvé un très joli petit chat.

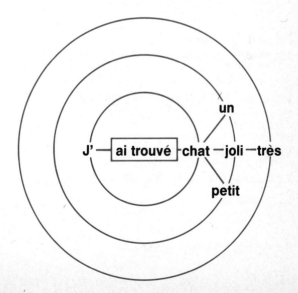

b. Représentation par emboîtements successifs :

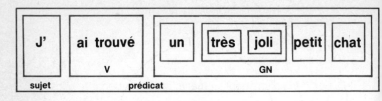

C *L'adverbe modifie un autre adverbe*

Ce café est <u>trop</u> chaud.
Ce café est <u>beaucoup</u> <u>trop</u> chaud.

Tu bois <u>trop</u>.
Tu bois <u>beaucoup</u> <u>trop</u>.

Dans le premier exemple, l'adverbe *beaucoup* modifie l'adverbe *trop* qui lui-même modifie un adjectif qualificatif : *chaud*.

Dans le deuxième exemple, l'adverbe *beaucoup* modifie l'adverbe *trop* qui lui-même modifie un verbe : *boire*.

C1 Place de l'adverbe

L'adverbe qui modifie un autre adverbe se place devant ce dernier. Il le suit dans ses déplacements et ne peut en être séparé :

Le camion, <u>très</u> <u>lentement</u>, montait la côte.
<u>Très</u> <u>lentement</u>, le camion montait la côte.

C2 Visualisation

Vous avez payé cette voiture <u>beaucoup</u> trop cher.

a. Représentation en cercles concentriques :

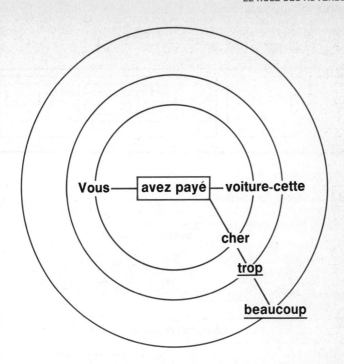

b. Représentation par emboîtements successifs :

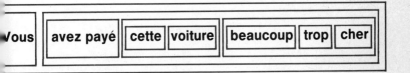

REMARQUE. Certains adverbes (notamment de temps) peuvent être utilisés dans toutes les fonctions que le nom remplit : sujet, objet, COD, COI, etc.

Demain sera un autre jour.

<u>sujet</u>

La journée d'hier a été radieuse.

<u>comp. du nom</u>

Elle rêvait d'un ailleurs qui les accueillerait.

<u>COI</u>

III CLASSEMENT DES ADVERBES D'APRÈS LEUR SENS (CLASSEMENT SÉMANTIQUE)

Du point de vue du sens, on peut classer les adverbes en sept catégories :

Quelques adverbes	Adverbes de manière	Exemples
bien, mieux, vite, mal, plutôt, aussi, etc. Adverbes en **-ment** : lentement heureusement...	- Elle était <u>mal</u> habillée. - Le vieil homme se dirigeait <u>lentement</u> vers une maison qu'il distinguait au loin.	

	Adverbes de quantité (d'intensité)	
assez, aussi, autant, beaucoup, moins, peu, très, fort, si, tant... Adverbes en **-ment** : excessivement...	- C'est <u>terriblement</u> cher pour un si petit tableau, dit-elle en examinant le Picasso. - On mange <u>trop</u>, on boit <u>trop</u> et on ne court pas <u>assez</u>.	

	Adverbes de temps	
hier, aujourd'hui... alors, déjà, après, quand ?, depuis, toujours, enfin, jamais, soudain... + locutions : tout à l'heure, de temps en temps...	- <u>Parfois</u>, il se mettait à penser à ses années d'enfance. - Cet enfant est <u>encore</u> bien jeune pour sortir si <u>tard</u> le soir.	

	Adverbes de lieu	
ici, là, ailleurs, autour, dedans, derrière, dessus, devant, où... + locutions : au-dedans... quelque part, là-bas...	- Allez donc voir <u>ailleurs</u> si j'y suis. - <u>Où</u> chercher ? Il peut être <u>n'importe où</u> !	

REMARQUE. Il est assez difficile de les associer à un adjectif qualificatif.

	Adverbes d'affirmation	

oui, certainement, vraiment, volontiers, précisément, si...
+ locutions : en vérité, sans doute...
	- Voulez-vous du whisky ? - <u>Oui</u> !
	                            - <u>Certes</u> !
	                            - <u>Volontiers</u> !
	Il voyage <u>volontiers</u>.
	- Il est <u>certainement</u> très aimable.	

Quelques adverbes	Adverbes de négation	Exemples
non, ne, guère, jamais, rien, pas, point...	- Il ne dort guère. - Vous n'êtes jamais content !	

REMARQUE. *Pas* est le seul adverbe de négation pouvant déterminer un adjectif épithète (surtout dans la langue familière).

	Adverbes de doute	
peut-être, probablement, sans doute...	- Viendras-tu ? - Probablement. - Nous irons peut-être vous chercher. - Il fera sans doute froid.	

REMARQUE.

1. Beaucoup d'adverbes peuvent avoir des sens différents et appartenir à plusieurs de ces sept catégories :

là : Il est là.

        adv. de lieu

    A quelques jours de là, il partit pour la montagne.

        adv. de temps

jamais : Il ne dort jamais.

        adv. de temps ou de négation

2. Le fait qu'un adverbe appartienne à telle ou telle catégorie correspond souvent à des utilisations particulières.

● Les adverbes de *temps* et de *lieu* sont le plus fréquemment utilisés pour modifier les verbes :

    Viens ici tout de suite !

● Les adverbes de *quantité* (*intensité*) se trouvent souvent associés à des adjectifs qualificatifs :

    Mon fils est presque trop sage.

● Les adverbes d'*affirmation,* de *négation* et de *doute* sont fréquemment utilisés comme reprise au cours d'un dialogue.

    - Viendrez-vous ?
    - Probablement pas.

3. Les adverbes utilisés pour l'interrogation : *où ? quand ? comment ? pourquoi ? combien ?* sont, dans certains cas, classés à part, mais on peut les considérer comme des adverbes de quantité, de lieu, de temps, de manière... qui sont utilisés dans des phrases de type interrogatif.

IV ORTHOGRAPHE ET ACCORD DE QUELQUES ADVERBES

A L'orthographe des adverbes en -ment

Les adverbes qui se terminent par le suffixe **-ment** *(lentement, énormément...)* sont formés à partir d'adjectifs qualificatifs.
On les trouve à partir du féminin de l'adjectif :

doux / douce	→ doucement
bas / basse	→ bassement
léger / légère	→ légèrement
vif / vive	→ vivement

 A1 Lorsque l'adjectif se termine par une voyelle *(e, ai, i, u)* l'adverbe ne conserve pas le *e* du féminin :

vrai / vraie	→ vraiment
poli / polie	→ poliment
résolu / résolue	→ résolument

> REMARQUE. 1. Dans certains cas l'adverbe dont le *e* est tombé prend un accent circonflexe :
>
> | | |
> |---|---|
> | goulu / goulue | → goulûment |
> | assidu / assidue | → assidûment |
>
> 2. On peut rapprocher de ces adverbes le cas de *gentiment* formé à partir de l'adjectif gentil : le *lle* tombe dans l'adverbe :
>
> gentil / gentille → gentiment

⚠ **A2 Adverbes en -amment / -emment**

Il existe un certain nombre d'adverbes tels que *violemment* et *méchamment* qui se terminent soit par **-emment,** soit par **-amment** mais qui se prononcent de manière identique (« aman »).
Pour savoir s'ils s'écrivent avec un **e** ou avec un **a** il faut retrouver l'adjectif dont ils sont issus :
- les adverbes en **-ammant** correspondent aux adjectifs en **-ant.**
- les adverbes en **-emment** correspondent aux adjectifs en **-ent.**

-ant → -ammant	-ent → -emment
bruy**ant** → bruy**amment**	prud**ent** → prud**emment**
vaill**ant** → vaill**ammant**	viol**ent** → viol**emment**
méch**ant** → méch**amment**	appar**ent** → appar**emment**
puiss**ant** → puiss**amment**	évid**ent** → évid**emment,** etc.

On peut ajouter à cette liste certains adverbes dont les adjectifs d'origine ont disparu dans la langue :

not**amment**   sci**emment**
précipit**amment**   etc.

REMARQUE. Tous les mots se terminant par **-ment** ne sont pas des adverbes :

Il fut pris soudain d'un violent tremblement.
                                    nom

B | « *Tout* » *est le seul adverbe qui pose des problèmes d'accord*

Comme n'importe quel adverbe, *tout* dans le sens de *entièrement, tout à fait* est invariable.

Il était tout étonné.   Elle était tout étonnée.

Ils étaient tout étonnés.   Elles étaient tout étonnées.

Lorsqu'il est suivi d'un adjectif *féminin* commençant par une *consonne* ou un *h* aspiré, *tout* s'accorde en genre et en nombre avec cet adjectif :

Il est venu tout seul.

Ils sont venus tout seuls.

Elle est venue toute seule.

Elles sont venues toutes seules.

Il a les mains tout abîmées.

Il a les mains toutes grasses.

Elle était tout attendrie.

Elle était toute honteuse.

C | *Faut-il écrire « plutôt » ou « plus tôt » ?*

L'adverbe **plutôt** écrit en un seul mot a le sens de *de préférence*.

Je prendrai plutôt de la tarte.
(= je prendrai de préférence de la tarte).

On écrit **plus tôt** lorsque l'on veut signifier le contraire de *plus tard*.

Il faudra partir plus tôt pour arriver avant la cérémonie.

Il faudra partir plus tard pour arriver après la cérémonie.

L'ARTICLE

Ce qu'il faut savoir

Les articles font partie des déterminants au même titre que les adjectifs possessifs, les adjectifs démonstratifs, etc. Le terme *déterminant* est un terme nouveau mais il ne remplace pas le terme *article.* Il regroupe articles et adjectifs non qualificatifs.

	Articles	définis indéfinis partitifs
Déterminants	Adj. possessifs Adj. démonstratifs Adj. interrogatifs Adj. exclamatifs Adj. indéfinis Adj. numéraux	Adjectifs non qualificatifs

L'ARTICLE A LES MÊMES TRAITS QUE TOUS LES DÉTERMINANTS
(voir *Déterminants,* pages 126 et suiv.)

A L'article est obligatoire

Il fait partie du groupe nominal, on ne peut le supprimer :

> Il plonge dans la piscine.
> ★ Il plonge dans X̄ piscine.

REMARQUE. Dans le cas de certains groupes nominaux, l'article peut disparaître :

> Femmes et enfants couraient sur le port.
> Ils étaient en costume régional.
> Le train entre en gare.

L'absence de l'article renvoie alors à quelque chose de général, de non déterminé.
(Pour plus de détails concernant l'omission de l'article, voir *Déterminants,* pages 127-128).

B La place de l'article

L'article est toujours placé à gauche du noyau nominal mais il peut en être séparé par un ou plusieurs mots :

> Les chevaux galopaient dans la prairie.
> Les superbes chevaux galopaient dans l'immense prairie.

C L'accord de l'article

L article, comme tout déterminant, s'accorde en genre et en nombre avec le nom qu'il accompagne :

> Un cheval / Des chevaux

Sa présence permet de distinguer le genre du nom, particulièrement dans les cas où, à l'oral comme à l'écrit, le nom n'indique pas à lui seul son genre :

> C'est un / une élève
> C'est un / une artiste

ou change de sens en changeant de genre :

> Le manche du couteau / La manche de la veste

D   *L'article est un mot grammatical*

Il fait partie d'un ensemble limité, comme tous les déterminants.
(Voir *Mots grammaticaux / Mots lexicaux,* pages 163 et suiv.)

II   CARACTÈRES SPÉCIFIQUES DES ARTICLES

A   *Les différents types d'articles*

Il existe plusieurs séries d'articles :

A1   Les articles indéfinis (un, une, des)

Ils accompagnent les noms qui représentent des êtres ou des choses qui ne sont pas considérés comme connus par celui à qui l'on s'adresse ou qui n'ont pas été présentés dans le discours oral ou dans le texte écrit :

> Il a acheté une table pour son salon.
>
> Il aperçut un homme de petite taille.
>
> Il entendait des oiseaux dans le lointain.

A2   Les articles définis (le, la, les)

Ils accompagnent les noms qui représentent des êtres ou des choses considérés comme connus ou qui ont déjà été présentés dans le discours oral ou dans le texte écrit :

> Il a acheté la table du salon chez un antiquaire.
>
> Il aperçut l'homme qu'il avait déjà rencontré la veille.
>
> Il entendait les oiseaux de son voisin.

REMARQUE. L'article défini peut exprimer la généralité :

> La femme est souvent moins bien payée que l'homme pour le même travail.

Il s'agit là de la femme et de l'homme en général, et non d'une femme et d'un homme particuliers, véritablement définis.

A3   Les articles définis dits contractés

a. L'article défini *(le, la, les)* se combine avec les deux prépositions les plus fréquentes *à* et *de* pour donner une forme contractée :

	avec **à**	avec **de**
masculin singulier	au (à le)	du (de le)
féminin singulier	à la	de la
masculin et féminin pluriel	aux (à les)	des (de les)

| REMARQUE. Seuls *au, aux, du, des* sont en fait des formes contractées.

b. Emploi des articles définis contractés

Il va au marché tous les matins.

Il faut considérer le groupe nominal *au marché* comme un groupe nominal prépositionnel.
On rencontre les articles définis contractés dans des groupes nominaux ayant différentes constructions. Il peut s'agir de :

● Complément du nom :

C'est le fils du général.

Il mange une glace à la fraise.

● Complément d'objet indirect :

Il parle aux oiseaux.

Il parle de la pluie et du beau temps.

● Complément circonstanciel :

Il part aux Antilles.

Il revient de la Martinique.

A4   Les articles partitifs

La série *du, de la* (préposition *de* + article défini) est utilisée lorsque l'on veut signifier que l'on a affaire à une certaine quantité d'un produit (poudre, liquide, pâte...) qui ne constitue pas un ensemble d'objets isolables :

Il mange du pain.

Il achète de la farine.

REMARQUE.

1. On peut aussi utiliser l'article défini, mais alors la phrase change de sens :

> Il a mangé du sucre. (une certaine quantité)
>
> Il a mangé le sucre. (tout le sucre)
>
> Il a commandé du vin. (une certaine quantité)
>
> Il a commandé le vin. (celui dont on a déjà parlé)

2. Devant les noms désignant un ensemble constitué d'objets isolables, on ne peut utiliser l'article partitif. En revanche, l'usage de l'article indéfini ou de l'adjectif numéral devient possible :

> ★ Il a acheté de la bille.
>   Il a acheté une bille.
>   trois billes.
> ★ Il lave du couteau.
>   Il lave des couteaux.
>   trois couteaux.

⚠ Bien qu'ils apparaissent sous la même forme, *du, de la* jouent un rôle différent selon qu'ils sont articles partitifs ou articles contractés :

Les articles contractés entrent dans une **construction indirecte :**

> Nous avons parlé de la pluie et du beau temps.
>
> (construction indirecte : on parle **de** quelque chose)

Les articles partitifs entrent dans une **construction directe :**

> Il a acheté du tissu et de la laine.
>
> (construction directe : on achète quelque chose)

B | *Variation de la forme*

B1 | Article élidé

Le, la deviennent **l'** devant les mots commençant par une voyelle ou un *h* muet :

> un abricot → l'abricot
> un hôtel → l'hôtel
> un étroit couloir → l'étroit couloir
> une horrible chose → l'horrible chose

B2 *Du, de la* et *des* deviennent **de** ou **d'** en présence :

a. d'une forme négative :

> Je prends du sucre → Je ne prends pas de sucre.
> > ⋆ Je ne prends pas du sucre.
> Je mange de la confiture → Je ne mange pas de confiture.
> > ⋆ Je ne mange pas de la confiture.
> Il a des amis. → Il n'a pas d'amis.
> > ⋆ Il n'a pas des amis.

> REMARQUE. Lorsque l'on veut insister sur la quantité, on utilisera **des** (qui s'oppose à **un**) :
> Il ne possède pas **des** maisons, il n'en a qu'une.

b. d'adverbes tels que **assez, trop, beaucoup :**

> Il boit du vin. → Il boit trop de vin.

B3 *Des* devient **de** et **d'** lorsqu'il est séparé du nom par un adjectif qualificatif (précédé ou non d'un adverbe) :

> Il ramasse des champignons
> > → Il ramasse de gros champignons.
> > ⋆ Il ramasse des gros champignons.
> Pour son goûter, il mange des tartines
> > → Pour son goûter il mange d'énormes tartines.
> > ⋆ Pour son goûter il mange des énormes tartines.

C | *Combinabilité*

Les articles ne peuvent se combiner qu'avec les adjectifs numéraux et les adjectifs indéfinis :

> Avec les quelques sous qui me restent j'irai t'acheter les vingt roses que je t'ai promises.

LE COMPLÉMENT CIRCONSTANCIEL

Ce qu'il faut savoir

● Le complément circonstanciel est un terme traditionnel.

● Il est important de savoir que pour certaines grammaires récentes, les compléments du verbe sont regroupés en deux catégories :

- les compléments circonstanciels
- les compléments essentiels.

(Pour cette opposition nouvelle : essentiel / circonstanciel, voir pages 63 et suiv.)

● Nous ne présentons ici que les caractéristiques de ce complément telles qu'elles sont décrites dans l'analyse traditionnelle ; le complément circonstanciel est alors un *complément du verbe* parmi les autres compléments (complément d'objet direct, complément d'objet indirect, complément d'attribution, complément d'agent), mais il se distingue de chacun d'eux par des caractéristiques qui lui sont propres. Nous utiliserons le symbole CC.

L'année dernière nous étions descendus dans un petit
    CC temps   **CC lieu**

hôtel tranquille.

REMARQUE. Il faut bien distinguer *complément* **du** *verbe* de *complément* **de** *verbe :* l'utilisation de complément **du** verbe permet de distinguer ce type de complément de ce que l'on appelle *complément* **du** *nom.* Par contre, le terme complément **de** verbe regroupe un ensemble particulier de compléments (COD, COI, COS, etc.) nettement distinct d'un autre ensemble appelé *complément* **de** *phrase,* composé principalement des compléments circonstanciels. (Voir complément de verbe / complément de phrase, page 67, II.)

| COMMENT LE RECONNAITRE ?

A | *Le CC n'est pas indispensable*

A1   On peut le supprimer sans détruire la phrase :

Le soleil pâlissait <u>dans le ciel</u>.

La voiture s'arrêta <u>devant le bar</u>.

le soleil pâlissait, la voiture s'arrêta, sont des phrases acceptables.

A2   En fait, quand on supprime le CC, on perd toujours des informations, des renseignements concernant les circonstances de l'action. Le sens global de la phrase est donc forcément changé.

Ils ont réussi à ouvrir la porte [<u>avec une fausse clé</u>].

Le blessé marchait [<u>avec difficulté</u>].

> REMARQUE.
>
> Le chauffeur du car conduisait <u>prudemment</u>.
>
> Le chauffeur du car ne conduisait pas <u>prudemment</u>.
>
> Dans cet exemple, il est évident que la négation porte sur le CC et non sur le verbe ; la suppression du CC devrait entraîner la suppression de la négation puisque le sens de la phrase est en fait :
>
> Le chauffeur du car conduisait <u>imprudemment</u>.

 A3   Dans certains cas, avec certains verbes qui ne peuvent se construire seuls, le CC apparaît **indispensable.**

Il va <u>à Lyon</u>.

Tous les soirs mon voisin met sa voiture <u>au garage</u>.

Tous les soirs peut sans peine être supprimé ; ce n'est pas le cas de *au garage* ; mais ceci n'est pas le fait du CC de lieu *au garage,* mais plutôt le fait que *mettre sa voiture* implique que l'on indique où on la met.

Il rentre sa voiture <u>au garage</u>.

Il répare sa voiture <u>au garage</u>.

Il a aperçu le mécanicien <u>au garage</u>.

Avec ces verbes, la suppression de *au garage* ne met pas en cause le caractère complet de la phrase. On voit que dans certains cas c'est le type de verbe employé qui détermine le caractère obligatoire ou facultatif du CC.

REMARQUE. Le fait que certains CC se révèlent indispensables à la construction de la phrase a amené certaines grammaires à proposer un nouveau classement des compléments en complément de verbe / complément de phrase. Parmi les CC, ceux qui sont **indispensables** sont alors classés parmi les *compléments de verbe* :

Il met sa voiture au garage.

Il va à Lyon.

Ceux qui sont aisément **supprimables** prennent place parmi les *compléments de phrase*.

Il rentre sa voiture au garage.

Il se promène à Lyon.

(Voir complément de verbe / complément de phrase, page 67, II).

→ Cependant, dans la plupart des cas, le CC est aisément supprimable, effaçable ; la phrase ainsi réduite conserve un sens, elle est correcte, les fonctions des autres éléments restent inchangées.

REMARQUE. **La suppression** du CC peut, dans certains cas, transformer de façon radicale ce que l'on veut dire :

Pierre boit avec ses amis dans la salle du fond.

Dans ce cas, on signifie que Pierre est en train d'effectuer l'action de boire en compagnie de ses amis, dans un lieu donné. Si l'on supprime les deux compléments circonstanciels *avec ses amis* et *dans la salle du fond*, on obtient :

Pierre boit.

qui est équivalent à *Pierre est un alcoolique*. Dans ce dernier cas, la phrase se présenterait plutôt, dans le langage parlé, sous la forme : *Pierre, il boit*, marquant ainsi que le verbe sert plus à indiquer une caractéristique de Pierre (un vice) qu'à signifier l'action que Pierre effectue. Il en irait de même avec des verbes comme *jouer, frapper, parler*, etc.

B *Le CC est mobile*

On peut le déplacer :

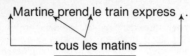

B1 Le groupe CC, groupe mobile, peut se placer à n'importe quel endroit dans la phrase, sans que la signification de celle-ci en soit changée.

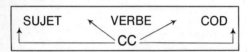

Martine prend le train express pour aller à Paris tous les matins.

On ne peut toutefois placer le groupe CC qu'**entre les groupes constitutifs** de la phrase (groupe sujet, verbe, groupe COD).

B2 Dans le cas où il y a plusieurs CC, l'habitude veut qu'on ait tendance à placer le plus long en dernier.

L'homme s'élança sur le quai.

L'homme s'élança avec ses deux grosses valises bourrées de faux billets.

Il est beaucoup plus probable de trouver :

L'homme s'élança sur le quai avec ses deux valises...
que L'homme s'élança avec ses deux valises..., sur le quai.

De même la combinaison des deux CC suivants :

L'homme s'élança avec ses valises.

L'homme s'élança sur le quai encombré de voyageurs et de porteurs.

donnera plus probablement :

L'homme s'élança avec ses valises sur le quai encombré...
que L'homme s'élança sur le quai encombré... avec ses valises.

On peut schématiser de la façon suivante :

GNS	GV	GN (COD)	CC court	CC long

B3 En général l'attention de l'auditeur ou du lecteur est attirée par ce qui est placé en tête de la phrase (voir *Mise en relief,* page 158, A3) :

> Le car de police faisait une ronde tous les soirs dans le quartier du port.
>
> <u>Tous les soirs</u>, le car de police faisait une ronde dans le quartier du port.
>
> <u>Dans le quartier du port</u>, le car de police faisait une ronde tous les soirs.

La mobilité du groupe CC permet, tout en disant la même chose, d'attirer l'attention sur telle ou telle circonstance de l'événement. De même on peut attirer l'attention sur la manière avec laquelle Pierre mange son pain en choisissant une place située de plus en plus vers le début de la phrase.

> Pierre mange son pain <u>avec un plaisir non dissimulé</u>.

REMARQUE. Il faut noter qu'il existe certains points de la phrase où il est impossible d'insérer le CC. Ainsi :

> Pierre mange des bananes <u>dans la cour</u>.

Le CC *dans la cour* peut se placer entre *Pierre* (sujet) et *mange* (verbe) ou entre *mange* (verbe) et *bananes* (COD) et bien entendu en tête de phrase. En revanche, si *Pierre* est remplacé par le pronom *il,* il devient impossible d'insérer le CC entre sujet et verbe.

> ★ Il <u>dans la cour</u> mange des bananes.

De même, si *bananes* est remplacé par le pronom *les,* on ne pourra introduire le CC entre verbe et COD.

> ★ Pierre les <u>dans la cour</u> mange.

C | *Il peut y avoir plusieurs compléments circonstanciels*

C1 De notions différentes

Dans une même phrase on peut utiliser plusieurs compléments circonstanciels **sans les coordonner** à condition qu'ils expriment des notions différentes ; ils sont alors séparés par une virgule :

Le chasseur est parti ce matin, dans les bois, d'un pas vif, pour ramener du gibier.

- *ce matin*   : CC temps
- *dans les bois*   : CC lieu
- *d'un pas vif*   : CC manière
- *pour ramener du gibier*   : CC but

REMARQUE. Il n'en va pas de même pour les compléments essentiels (COD, COI, COS, complément d'agent) non plus que pour le sujet.

Le fermier **et** son voisin vont à la chasse.

Il a tué un renard **et** un lièvre.

Il a offert un cadeau à sa mère **et** à sa sœur.

C2 De même notion

Si, en revanche, nous avons dans la même phrase deux compléments circonstanciels renvoyant à la même notion :

Il se promène dans les bois **et** dans les prés.

on est obligé, dans ce cas, d'utiliser la **coordination** (et).

- *dans les bois :* lieu
- *dans les prés :* lieu

Il prend son médicament le matin **et** le soir.

- *le matin :* temps
- *le soir :* temps

REMARQUE. Signalons cependant qu'on peut trouver dans une même phrase deux CC renvoyant à la **même notion** (temps, lieu, etc.) **non coordonnés :**

Je te verrai demain à cinq heures.

L'arme était cachée dans le salon derrière le fauteuil.

Dans ces deux exemples, on se rend compte que :

- *demain* et *à cinq heures* sont deux compléments circonstanciels de temps dont le premier inclut l'autre ;
- *dans le salon* est un lieu qui inclut *derrière le fauteuil.*

C'est dans la mesure où les notions exprimées par les CC sont diverses et distinctes les unes des autres qu'on peut les juxtaposer sans les coordonner.

D | *Le complément circonstanciel n'est pas concerné par la transformation passive*

Le boulanger a préparé la pâte pendant la nuit.

La pâte a été préparée par le boulanger pendant la nuit.

Le CC conserve sa mobilité dans la construction active comme dans la construction passive.

E | *On ne peut pas remplacer le CC par un pronom*

Alors que le sujet, le COD, le COI et le COS peuvent être remplacés par un pronom, pour ce qui concerne le CC, seul le CC de lieu est susceptible d'être remplacé par les pronoms *y* et *en.*

Il va à Paris → Il y va.

Il revient de Lyon → Il en revient.

(*à* se remplace par *y, de* se remplace par *en*)

→ C'est en raison du caractère généralement facultatif, facilement supprimable et de la mobilité du CC que des grammaires récentes le distinguent nettement des compléments très liés au verbe ou *compléments essentiels* (voir page 65, I).

II QU'EST-CE QUI PEUT ÊTRE CC ?

● Un nom :

Le matin je déjeune tard.

● Un GN :

Tous les soirs je regardais la télévision.

Il lui a répondu avec gentillesse.

● Un infinitif :

On l'a assassiné pour le voler.

● Un pronom personnel :

Elle se promène avec lui.

● Un adverbe :

Il descend l'escalier rapidement.

● Un gérondif :

Il est arrivé en courant.

● Une proposition subordonnée relative :

Je voyagerai avec qui je voudrai.

● Une proposition subordonnée conjonctive :

Nous nous mettrons à table quand ils arriveront.

REMARQUE. Certains compléments circonstanciels peuvent se construire avec une préposition (construction indirecte), d'autres sans préposition (construction directe) :

Il voyagera la nuit.

Il voyagera pendant la nuit.

On lui avait parlé méchamment.

On lui avait parlé avec méchanceté.

Notons que la présence ou l'absence de préposition ne change en rien les possibilités de déplacement du CC.

Les prépositions utilisées pour la construction indirecte des CC sont très nombreuses. De plus, on a souvent affaire à des locutions prépositionnelles (prépositions formées de plusieurs mots) telles que : *à travers, au fur et à mesure de,* etc. :

Il marche	dans	la forêt.
	à travers	la forêt.
	autour de	la forêt.
	vers	la forêt.

Il travaille	avec	son patron.
	pour	son patron.
	contre	son patron.
	malgré	son patron.
	en dépit de	son patron.

III DIFFÉRENCE ENTRE LE CC ET D'AUTRES FONCTIONS

A CC de construction indirecte

Dans le cas où le CC est construit avec une préposition (GN prépositionnel), il est important de ne pas le confondre avec d'autres GN prépositionnels qui sont des COI et des COS (compléments essentiels). Le CC est mobile, alors que les COI et COS ne le sont pas ; le CC est généralement supprimable au contraire des COI et COS :

Il se souvient de ses dernières vacances.

COI non supprimable

Lors de ses dernières vacances, il a découvert la planche

CC supprimable

à voile.

B CC de construction directe

Dans le cas où le CC est de construction directe, on peut avoir affaire à des mots comme *la nuit, le matin* que l'on peut aussi rencontrer en fonction sujet ou objet :

La nuit descend vite sous les Tropiques.

sujet

Il appelle la nuit de tous ses vœux.

COD

La nuit il dort.

CC temps

➡ En définitive, c'est le double caractère **déplaçable** et **supprimable** (facultatif) qui différencie le CC des autres compléments.

61

IV LES DIFFÉRENTS CC

Le CC indique les circonstances de l'action exprimée par le verbe ; il donne des renseignements concernant principalement le temps, le lieu, la manière, le moyen, la cause, le but. Ces six notions correspondent aux six questions : *quand ? où ? comment ? avec quoi ? pourquoi ? dans quel but ?*

CC temps :   Il arrivera vers cinq heures.

CC lieu :   La bombe était déposée sous une voiture.

CC manière :   Il mange avec délicatesse.

CC moyen :   Il mange avec des couverts en argent.

CC cause :   Il tremble de peur.

CC but :   Il boit pour oublier.

Certaines grammaires parlent aussi de CC d'accompagnement, de prix, de poids, etc.

> Le chasseur part avec son chien (CC accompagnement)
>
> Ce livre coûte cent francs (CC prix)
>
> Il pesait cent vingt kilos (CC poids)

> REMARQUE. La *préposition* utilisée est relativement indépendante de la notion exprimée par le CC :
>
> Il vient dans une heure (CC temps)
> Il travaille dans sa chambre (CC lieu)
> Il travaille dans la joie (CC manière)
> Il mange avec ses amis (CC accompagnement)
> Il mange avec crainte (CC manière)
> Il mange avec une fourchette (CC moyen)

Dans tous ces exemples, la **même préposition** est utilisée pour rendre compte de notions différentes.
A l'inverse, la même notion peut être exprimée à l'aide de prépositions différentes :

Je le rencontrerai   à une heure (CC temps)

vers une heure.

pendant une heure.

dans une heure.

COMPLÉMENT ESSENTIEL / COMPLÉMENT CIRCONSTANCIEL

COMPLÉMENT DE VERBE / COMPLÉMENT DE PHRASE

Ce qu'il faut savoir

● Les termes : **complément essentiel, complément de verbe, complément de phrase** sont des termes nouveaux (postérieurs à 1970).

Le terme : **complément circonstanciel** est un terme ancien, traditionnel. Nous ne parlerons ici que du sens nouveau qu'il prend (pour le sens traditionnel, voir pages 52 et suiv.).

● Ces quatre termes s'organisent en deux couples :

a. *Complément essentiel / complément circonstanciel*
Les complément essentiels rassemblent tous les compléments qui sont très liés au verbe et ont un caractère indispensable (COD, COI...).
Les compléments circonstanciels rassemblent tout ce qui n'est pas essentiel à la construction du verbe, tous les compléments qui n'ont pas un caractère indispensable.

b. *Complément de verbe / complément de phrase*
Cet autre couple de termes permet lui aussi de classer en deux catégories l'ensemble des compléments **du** verbe[1], mais ce nouveau classement, proposé plus récemment, ne coïncide pas exactement avec le précédent. Parmi les compléments circonstanciels, certains sont intimement liés au verbe (Il va **à Paris**) : ils seront appelés compléments **de** verbe. D'autres sont facultatifs (Il rentre **dans le château**) : on les appellera compléments de phrase.

C. Essentiel	C. Circonstanciel
C. de verbe	C. de phrase

● Dans l'analyse de la phrase, il faut choisir l'un ou l'autre couple de termes.

1. Complément **du** verbe s'oppose à complément **du** nom et désigne tous les compléments qui se rattachent au verbe.

| LE COUPLE DE TERMES : COMPLÉMENT ESSENTIEL / COMPLÉMENT CIRCONSTANCIEL

Ce couple de termes regroupe l'ensemble des compléments du verbe, c'est-à-dire l'ensemble des groupes que l'on observe dans la phrase une fois que l'on a séparé le groupe nominal (GN) sujet du groupe verbal (GV) et que, à l'intérieur du GV, on a isolé le verbe.

A | *Quel classement ?*

La distinction entre complément essentiel et complément circonstanciel repose sur des manipulations qui révèlent des comportements différents. Ces critères (critères formels), qui essayent de ne pas faire appel au sens, sont principalement au nombre de deux :

1. Critère d'effacement : procédure de réduction de la phrase (voir page 195, II A).

> Il dort debout. - Il dort.

2. Critère de déplaçabilité : permet de distinguer des groupes mobiles et des groupes difficilement mobiles (voir page 196, II B).

> Patiemment, il s'est mis au travail.

On peut faire le tableau suivant :

	Groupe effaçable	Groupe déplaçable
C. essentiel	non (1)	non (2)
C. circonstanciel	oui (3)	oui (4)

1. Il battait son chien.   2. * Son chien il battait.
   * Il battait.

3. Pierre lit le journal tous les matins.
   Pierre lit le journal.

4. Tous les matins Pierre lit le journal.
   Pierre lit tous les matins le journal. Etc.

➜ Les termes correspondant aux fonctions traditionnelles peuvent donc se regrouper ainsi :

● Compléments essentiels : COD, COI, attribut du sujet, COS, complément d'attribution.

Il avait enfermé le lapin dans un placard.
      COD

Je m'aperçois de mes erreurs.
            COI

On lui a retiré son autorisation.
     COS
     compl. attribution

● Compléments circonstanciels : les CC traditionnels exprimant le lieu, le temps, la manière, la cause, etc.

Le matin, il part rapidement de la maison.
CC temps   CC manière   CC lieu

B *Pourquoi ce classement ?*

B1 Il permet de regrouper l'ensemble des compléments du verbe en deux grandes catégories. C'est une tendance des grammaires nouvelles de procéder à de grands *regroupements* ; on n'analyse plus les mots isolés mais des groupes de mots.

B2 On s'efforce de faire reposer ce classement sur des comportements identiques (critères formels) et non plus sur des éléments faisant appel au sens (critères sémantiques).

C | Limites de ce classement

> Il va à Paris.

A Paris n'est ni supprimable, ni déplaçable : on doit donc théoriquement le ranger parmi les compléments essentiels. Cependant, *à Paris* exprime les circonstances de l'action (lieu)... Peut-on alors dire que l'on a affaire à un complément qui serait à la fois essentiel (application des critères formels) et circonstanciel (application des critères sémantiques) ?

> Il tape sur un tambour.

La phrase réduite *il tape* exige un complément (essentiel ?), mais le renseignement apporté concerne les circonstances de l'action.
En revanche, dans l'exemple suivant :

> Mon cousin est tombé malade à Paris.

le groupe *à Paris,* supprimable et déplaçable, sera facile à ranger parmi les compléments circonstanciels.

C'est en raison de ces limites (certains compléments sont essentiels par leur comportement et circonstanciels par leur sens) qu'un autre classement a été proposé. Le nouveau classement n'utilise plus le terme traditionnel de complément circonstanciel.

II LE COUPLE DE TERMES COMPLÉMENT DE VERBE / COMPLÉMENT DE PHRASE

Ce classement permet de regrouper en deux catégories l'ensemble des compléments du verbe (suite du verbe).

A | Pourquoi un nouveau classement ?

Il permet de distinguer les éléments qui ne modifient que le verbe de ceux qui apportent une information concernant l'ensemble de la phrase (temps, lieux dans lesquels se situe l'action). Il est très proche du classement complément essentiel / complément circonstanciel mais les critères d'effacement et de déplacement des divers éléments de la phrase sont appliqués de façon plus stricte.

B *Quel classement ?*

Le classement proposé est le suivant :

- Sont **compléments de verbe :** COD, COI, COS et certains « ex »-compléments circonstanciels.

- Sont **compléments de phrase :** la plupart des compléments circonstanciels sauf ceux que l'on ne peut ni supprimer, ni déplacer ; exemple : Il va *à Paris*.

REMARQUE.

1. Le nouveau terme **complément de phrase** ne remplace pas exactement l'ancien terme *complément circonstanciel*. Les anciens compléments circonstanciels se trouvent, dans ce nouveau classement, tantôt compléments de verbe, tantôt compléments de phrase.

Pierre va travailler à Paris.
<u>C. de phrase</u>

Pierre va à Paris.
<u>C. de verbe</u>

Mon cousin s'est marié à Lyon.
<u>C. de phrase</u>

Mon cousin habite à Lyon.
<u>C. de verbe</u>

2. Le nouveau terme **complément de verbe** permet de regrouper avec les traditionnels COD, COI, attribut du sujet, etc., certains compléments circonstanciels qui donnent des renseignements sur les circonstances de l'action mais qui n'en sont pas moins étroitement liés au verbe dans la mesure où ils sont difficilement supprimables et déplaçables. On rencontre ce cas avec des verbes qui demandent des précisions quant :

- *au lieu* (aller, venir, parvenir, partir...) :

Je viens de la ville.

- *au temps* (durer, continuer, se dérouler...) :

Cette course durera deux jours.

- *à la manière* (agir, se conduire, réagir...) :

Il se conduit avec courage.

- *à la mesure* (mesurer, peser, contenir, valoir...) :

Il mesure un mètre cinquante.

C *Pour un classement plus complet*

Si on ajoute au classement compléments de verbe / compléments de phrase le classement construction directe / construction indirecte, on obtient un tableau à double entrée qui répartit bien l'ensemble des compléments :

Complément de verbe	Complément de phrase
Construction directe	
Cette armoire pèse cent kilos. <u>CC</u> Elle mange sa soupe. <u>COD</u> Elle mange de la confiture. <u>COD (av. partitif)</u> Cet homme est un ennemi. <u>Att. sujet</u>	Il partira lundi. <u>CC</u>
Construction indirecte	
Il pense à ses vacances. <u>COI</u> Il donne du pain aux pigeons. <u>COS</u> Il rentre de la plage. <u>CC</u>	Il court à toute vitesse. <u>CC</u> La souris a été mangée par le chat. <u>C. d'agent</u>

D *Visualisation*

La représentation en arbre est alors la suivante :

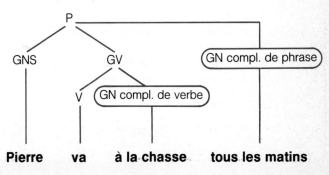

LE COMPLÉMENT DU NOM
(COMPLÉMENT DÉTERMINATIF)

Ce qu'il faut savoir

- **Complément du nom** est un terme traditionnel qui désigne un nom (ou un groupe nominal) complétant un nom (ou un autre groupe nominal) :

> J'entends siffler le train.

> J'entends siffler le train de marchandises.

Ce terme est parfois remplacé par **complément déterminatif.**

- Le terme *complément du nom* sert, dans certaines grammaires, à regrouper :

soit les **compléments facultatifs :** adjectif qualificatif, nom en apposition, subordonnée relative ;

soit les **constituants du groupe nominal** dans leur ensemble, obligatoires ou facultatifs.

Pour éviter toute confusion, on peut réserver le terme *complément du nom* au nom qui complète un autre nom, et utiliser le terme *constituants du groupe nominal* pour l'ensemble des mots que l'on trouve dans le groupe nominal.

CARACTÉRISTIQUES DU COMPLÉMENT DU NOM

A *Le complément du nom est un nom*

Le magnétophone de Pierre est cassé.

Le nom *Pierre* complète le nom *magnétophone.* Il en précise le sens.

Le complément du nom permet, comme l'adjectif qualificatif ou la proposition subordonnée relative, de compléter le nom. C'est donc une expansion du *groupe nominal* parmi d'autres (voir *Groupe nominal,* pages 148 et suiv.).

B *Le complément du nom est un groupe nominal*

Le nom complément du nom peut lui-même être noyau d'un groupe nominal et recevoir des expansions :

Le marin a recousu le bord de la voile.

Le marin a recousu le bord de la voile du bateau.

Le marin a recousu
le bord de la voile du bateau de son voisin.

Le marin a recousu
le bord de la voile du bateau de son voisin de palier.

C *Le complément du nom
est un groupe nominal prépositionnel*

C1 Les prépositions les plus fréquemment utilisées sont **à, de** et **en**. Elles permettent de donner des précisions de sens différents :

La fenêtre **en** bois (matière).
La fenêtre **de** la maison (appartenance).
La fenêtre **aux** volets fermés (caractéristique).
Un bateau **de** pêche (utilisation).
Un bateau **à** voiles (apparence ou mode d'énergie utilisée).

C2 Les prépositions qui introduisent un complément du nom n'ont pas de valeur propre :

a. Une même préposition peut introduire des compléments de sens différents :

> Le train **de** marchandises (utilisation, caractéristique).
> Le train **de** Paris (provenance).
> Le train **de** 8 h 45 (heure).
> Une statue **de** marbre (matière).

b. Un même sens peut résulter de l'emploi de prépositions différentes :

> Une maison **de** briques (matière).
> Une maison **en** briques (matière).

⚠ Tous les groupes nominaux prépositionnels qui suivent un nom ne sont pas des compléments du nom :

> Il tire la poignée du coffre (complément du nom).
>
> Il approche la main du radiateur (compl. du verbe).
>
> Il apporte une cuvette d'eau froide (compl. du nom).
>
> Il remplit une cuvette d'eau froide (compl. du verbe).

Dans certains cas, il est difficile de décider si l'on a affaire à un complément du nom ou un complément du verbe :

> Il voit les lauriers-roses de la terrasse.

Le groupe nominal prépositionnel *de la terrasse* peut aussi bien être compris comme complément du nom *lauriers-roses* que complément du verbe *voit* (dans ce cas, *de* aurait le sens de *depuis*, et serait précédé d'une légère pause ou d'une virgule).

> REMARQUE. Une tendance du français actuel consiste à ne pas utiliser de prépositions dans des expressions telles que :
>
> L'impôt sécheresse (= l'impôt de / pour la sécheresse).
> Un château Renaissance (= un château de la Renaissance).
> Le rayon bricolage.
> Le problème logement.
> Une assurance-incendie.

D | Le complément du nom est facultatif

On peut toujours le supprimer. La phrase qui en résulte est moins riche en information mais elle n'est pas incorrecte :

> Les roses de mon jardin sont fanées.
> Les roses sont fanées.

E | Le complément du nom se place après le nom

> Il a mangé la pomme de son camarade.
> ★ Il a mangé de son camarade la pomme.

REMARQUE. Dans l'usage littéraire on peut trouver un complément du nom placé avant le nom :

> Et de cette journée il grava à jamais le souvenir dans sa mémoire.

F | Le complément du nom ne s'accorde pas

Il ne s'accorde ni en genre ni en nombre avec le nom-noyau, contrairement à l'adjectif qualificatif :

> Le chien jaune / Les chiens jaunes.
> Le chien du voisin / Les chiens du voisin.

REMARQUE. Le complément du nom peut se mettre, selon ce qu'il désigne, soit au singulier soit au pluriel :

> Un bain de bouche / Un bain de pieds.
> Un choix de liqueurs / Une bouteille de liqueur.
> Une boîte de cigares / Une bague de cigare.

G | Coordination des compléments du nom

Il peut y avoir plusieurs compléments du nom non coordonnés dans un même groupe nominal. Il est intéressant d'observer comment se fait leur rattachement au nom-noyau :

> Une journée de pêche en mer du Nord.

On a affaire, ici, à une série de compléments du nom construits en cascade.

La fenêtre en bois de la maison.

Les deux compléments du nom se rapportent, ici, au même noyau nominal : *fenêtre.*

La fenêtre de la maison en bois.

Dans cette phrase, *bois* pourrait aussi bien compléter *maison* que *fenêtre.* Il sera rattaché au groupe nominal le plus proche *(maison).*

REMARQUE. Dans le cas où deux compléments du nom rattachés au même noyau nominal utilisent la même préposition et apportent l'un et l'autre le même type d'information, la coordination est obligatoire :

Une maison de pierre et de brique.
matière   matière

En revanche, si le type d'information est différent on ne peut pas coordonner :

★ Une table de merisier et de salon.
matière   lieu où se trouve la table

LE COMPLÉMENT D'OBJET DIRECT

Ce qu'il faut savoir

● Il est parfois nommé :

- complément essentiel d'objet ;
- complément essentiel direct ;
- fonction objet direct ;
- fonction complément d'objet direct.

Nous utiliserons ici l'abréviation COD :

Je n'ai pas examiné ton travail.
            ‾‾‾‾‾‾‾‾‾‾
                COD

● Pour les grammaires qui utilisent le couple de termes complément essentiel / complément circonstanciel, le COD est un **complément essentiel** parmi d'autres.
(Voir page 65, I.)

● Pour les grammaires qui utilisent le couple de termes complément de verbe / complément de phrase, le COD est un **complément de verbe** parmi d'autres.
(Voir page 67, II.)

| COMMENT LE RECONNAITRE ?

A | Critères faisant appel au sens
(critères sémantiques)

A1   De même que le complément d'objet indirect (COI), le COD représente l'être ou la chose sur lesquels porte l'action exprimée par le verbe :

L'enfant caresse le petit chat.
<u>sujet</u>   V   COD

Le vent secoue les arbres.
<u>sujet</u>   V   COD

Ma mère a grondé mon cousin.
<u>sujet</u>   V   COD

Le verbe suivi d'un COD est alors appelé **verbe transitif.** On veut dire par là que c'est à travers le verbe que l'action se transmet du sujet au complément d'objet.

REMARQUE. Il existe des verbes qui se construisent sans COD. On les appelle **verbes intransitifs** (voir page 79).

C'est le printemps, les hirondelles *arrivent.*

A2   **Le COD et le sujet** renvoient chacun à des éléments différents et distincts l'un de l'autre :

Pierre regarde Paul.
<u>sujet</u>   COD

Pierre et Paul sont deux personnages différents qui jouent chacun un rôle particulier. Paul *regarde* et Pierre *est regardé.*
Il en va de même dans :

Jean aperçoit un voleur.
<u>sujet</u>   COD

Jean et *voleur* désignent chacun un personnage différent. Alors que dans :

Jean est un voleur.
<u>sujet</u>   attribut du sujet

les deux mots *Jean* et *voleur* désignent le même personnage.

B Critères faisant appel à des manipulations
(critères formels)

Pour identifier les différents éléments de la phrase, les grammaires récentes ont tendance à faire moins appel au sens. Elles proposent des manipulations qui permettent d'identifier le COD en observant son comportement dans la phrase. C'est ce que l'on nomme : critères formels. Voici six des principaux critères les plus fréquemment utilisés.

B1 Le COD n'est pas supprimable

Il n'est pas effaçable. Si on réduit une phrase, on peut facilement enlever les groupes compléments circonstanciels (voir page 54, I A). On obtient alors une phrase de base qui ne peut être réduite davantage sans devenir incompréhensible. On schématisera cette phrase ainsi :

> **Sujet — Verbe — COD**

Les touristes ont visité la cathédrale [rapidement].
<u>COD</u>

[Tous les matins] je croise le facteur.
<u>COD</u>

Il a rencontré des amis [sur la plage].
<u>COD</u>

On peut supprimer facilement : *rapidement, tous les matins, sur la plage* ;
il n'en va pas de même pour : *la cathédrale, le facteur, des amis* ;
Les phrases qui en résulteraient

* ★ Les touristes ont visité.
* ★ Il croise.
* ★ Il a rencontré.

donnent nettement le sentiment d'être incomplètes.
Cependant, il n'en va pas de même pour tous les verbes.

⚠️ **a.** Certains verbes acceptent facilement qu'on supprime le COD mais alors leur sens change :

Les paysans rentrent leur récolte.
Les paysans rentrent.

Il boit de l'eau.
Il boit (= c'est un alcoolique).

b. Dans les situations où une action est fréquemment effectuée, le verbe peut aisément perdre son COD ; cela est surtout vrai dans le langage parlé :

> Il n'a pas encore chaussé. (dans le milieu du ski)
> Amène ! (dans le milieu de la navigation à voile)

Dans ces exemples, l'utilisation des verbes *chausser*, *amener*, sans COD suffit à signifier :
- que l'on chausse ses skis ;
- que l'on amène la voile.

Cette construction sans COD de verbes qui habituellement en ont besoin s'appelle **construction absolue.**

REMARQUE. Parfois, en changeant de COD, le verbe change de sens :

> Il monte ses bagages.
> _____
>   COD

> Il monte l'escalier.
> _____
>   COD

c. On peut classer les verbes en trois catégories :

● Ceux qui refusent tout COD (*obéir, défiler, rire, accourir, mourir, partir*, etc.) :

> Il éternue sans arrêt.

> Il était né la nuit de la Saint-Jean.

Ce sont des verbes **intransitifs.**

● Ceux qui peuvent en accepter un mais qui peuvent aussi s'en passer (*manger, changer, sonner, écouter*, etc.) :

> J'ai lu un ouvrage très intéressant sur Napoléon.
> _____
>   COD

> Pour son travail, il lit énormément.

> Le menuisier travaille le bois. ^wood
> _____
>   COD

> Dans ces vieux meubles, le bois travaille toujours.

Ce sont des verbes **transitifs.** furniture

79

● Ceux qui doivent obligatoirement se construire avec un COD (*apercevoir*, *battre*, *rencontrer*, etc.) :

Il n'a même pas jeté un coup d'œil sur notre travail.

COD

Les Indiens attachèrent leur prisonnier à un arbre.

COD

Ce sont aussi des verbes **transitifs.**

On pourra savoir à quelle liste appartiennent les verbes en essayant d'ajouter « quelqu'un » ou « quelque chose » :

On rit.
★ On rit quelque chose.

On lit.
On lit quelque chose.

★ On rencontre.
On rencontre quelqu'un.

➡ Il est difficile d'affirmer que c'est le COD en lui-même qui est essentiel. Il serait plus juste de dire que, suivant le verbe employé, le COD sera obligatoire, facultatif, ou interdit. C'est ce caractère souvent indispensable qui le fait nommer complément essentiel.

B2 Le COD n'est pas déplaçable

Le COD n'est pas un groupe mobile. Si on le permute avec le sujet, on modifie le sens :

Le chasseur a tué le lion.

Le lion a tué le chasseur.

ou on provoque un non-sens :

Mon voisin a acheté une voiture.

Une voiture a acheté mon voisin.

La place du COD est généralement après le verbe (à droite du verbe dans la phrase écrite) alors que celle du sujet est généralement avant le verbe (à gauche dans la phrase écrite). La fonction sujet et la fonction objet dépendent de la place des noms par rapport au verbe. En cas de permutation, les noms changent de fonction.

REMARQUE. Dans la phrase classique, le COD ne change pas de position même si la phrase est interrogative ou négative.

Pierre écoute la radio.

Pierre écoute-t-il la radio ?

Pierre n'écoute pas la radio.

COD - Pronom personnel. Dans le cas où le COD est un pronom personnel, il se place avant le verbe.

Il descend la poubelle. → Il la descend.   *en = de*

Il reprend du dessert. → Il en reprend.

sauf dans le cas de l'impératif :

Descends-la ! - Reprends-en !

(voir page 86, D).

Mise en relief : On peut trouver un certain nombre d'exemples dans lesquels le COD se place en tête de la phrase :

Ces montagnes je n'ai jamais pu les oublier.

    COD   COD

C'est surtout l'ambiance que je regrette.

                COD   COD

(Voir *Mise en relief,* pages 158, I B et 160, II B.)

→ Cependant, dans la phrase classique, le COD se place à droite du verbe. Il faut bien comprendre que lorsque le sujet et le COD de la phrase sont des noms, chaque nom peut être sujet **ou** COD. Aucune préposition ne venant signaler que tel nom est sujet, que tel autre est objet, on voit bien que seule la position avant ou après le verbe est susceptible d'indiquer la fonction sujet ou objet. Dans le cas où ces fonctions sont remplies par des pronoms spécifiques (*la* pour COD, *il* pour sujet), le nom COD peut se placer en tête de la phrase :

Pierre descend la poubelle.

sujet   COD

Alors, la poubelle, est-ce qu'il l'a descendue, Pierre ?

    COD   sujet COD   sujet

81

B3 Le COD joue un rôle dans la transformation passive

Dans la construction passive, le COD devient sujet sans que la phrase change de sens :

Les maçons ont construit le mur.

COD

Le mur a été construit par les maçons.

sujet

Alors que :

Les voleurs circulent la nuit.

ne peut pas donner :

⋆ La nuit est circulée par les voleurs.

car *la nuit* n'est pas COD mais complément circonstanciel (CC). En revanche, *la nuit* conserve sa fonction de complément circonstanciel si on le place en tête de la phrase :

La nuit, les voleurs circulent.

Ces deux manipulations montrent bien que *la nuit* n'a pas le comportement d'un COD dans cette phrase.

REMARQUE. Dans certains cas, le COD, sujet d'un verbe à la voix passive, donne lieu à des phrases improbables :

Pierre regarde la télévision.

La télévision est regardée par Pierre.

Les moineaux prennent la fuite.

La fuite est prise par les moineaux.

(Pour plus de détails sur ce point, voir *Voix passive,* page 292, II B.)

B4   On peut remplacer le COD par un pronom

Le nom remplissant la fonction de COD peut être remplacé par un pronom personnel complément direct (*le, la, les* ou *l'* devant une voyelle) :

Il ramasse une pierre → il la ramasse (fém. sing.)

Il ramasse un caillou → il le ramasse (masc. sing.)

Il ramasse les pierres → il les ramasse (fém. plur.)

Il ramasse les cailloux → il les ramasse (masc. plur.)

Il envoie un paquet → il l'envoie.

Il envoie une lettre → il l'envoie.

C'est le pronom *en* qui est utilisé si l'on a affaire à un article partitif :

Il mange la soupe → il la mange.

mais   il mange de la soupe → il en mange.

        COD   COD

(Voir *Article,* page 49, ll A4, et ci-dessous.)

B5   Le COD est un complément direct

Il se construit sans préposition :

Il chante un air d'opéra.

contrairement au complément d'objet indirect (voir page 97, I B5) :

Il pense **à** ses dernières vacances.

                COI

ou à certains compléments circonstanciels (voir page 61, III A) :

Il se promène **avec** son chien.

                CC

Dans :

Il reprend **de** la viande.

        COD

il faut se garder d'interpréter **de** comme préposition introduisant une construction indirecte. Pour bien différencier les cas où les articles contractés jouent le rôle d'articles partitifs des cas où ces mêmes articles introduisent un complément de construction indirecte, il est intéressant de comparer les deux séries suivantes :

83

1	2
Il boit de la bière.	Il s'empare de la citadelle.
Il boit du vin.	Il s'empare du château.
Il boit des apéritifs.	Il s'empare des châteaux.
Il boit des liqueurs.	Il s'empare des citadelles.

sous l'apparence identique des formes on remarque en fait que :
- dans la série 1, deux constructions sont possibles. Soit *il boit de la bière,* soit *il boit la bière* ;
- dans la série 2, seule une construction est possible : *il s'empare du château ;* *il s'empare le château* est agrammatical.
Ceci révèle les constructions différentes du verbe. On boit quelque chose (construction directe), on s'empare de quelque chose (construction indirecte).
Par ailleurs la transformation passive ne peut pas s'appliquer en cas de construction indirecte. Si l'on peut avoir à partir de la série 1 :

soit   Pierre a renversé l'eau

   → L'eau a été renversée par Pierre.

soit   Pierre a renversé de l'eau

   → De l'eau a été renversée par Pierre.

à partir de la série 2, on ne peut obtenir :

   L'ennemi s'empare du château

   →* du château a été emparé par l'ennemi.

B6   On ne trouve jamais de COD après le verbe être

Il n'y a jamais de COD après le verbe *être* ni avec les verbes d'état (*paraître, sembler, devenir, avoir l'air,* etc.). Dans :

   Cet homme est un champion.

   Cet homme a l'air d'un champion.

   Cet homme est devenu un champion.

le groupe nominal *un champion* est attribut du sujet et non COD (voir attribut du sujet, page 16, I A4).

Les deux mots *champion* et *homme* ne désignent pas deux personnages différents.

Un champion peut être remplacé par un adjectif :

> Cet homme est important.

alors qu'un COD ne peut jamais l'être.

Il est impossible de transformer ces phrases en phrases passives.

➜ Aucun de ces six critères ne peut à lui seul permettre de reconnaître à coup sûr et dans tous les cas un COD (sauf peut-être le critère de pronominalisation (paragraphe B4). On peut toujours trouver un COD supprimable (B1), déplaçable (B2), difficile à accepter comme sujet de la phrase passive (B3), ayant l'apparence de construction indirecte. Tous ces critères sont en fait complémentaires. C'est par la prise en compte des critères B1 et B2 que beaucoup de grammaires soulignent le caractère très lié au verbe du COD, et le rangent parmi les compléments essentiels (lorsqu'elles classent les compléments **du** verbe en compléments essentiels ou compléments circonstanciels), soit parmi les compléments **de** verbe (lorsqu'elles classent les compléments **du** verbe en complément **de** verbe et complément de phrase).

II QU'EST-CE QUI PEUT ÊTRE COD ?

A *Un nom :*

Pierre fume un cigare.

B *Un groupe nominal :*

Pierre fume des petits cigares du Brésil.

C *Un infinitif :*

Paul aime lire.

équivalant à :

Paul aime la lecture.

REMARQUE. Il faut prendre garde à des constructions avec des verbes comme *vouloir*, *pouvoir*, où l'infinitif qui suit ne peut pas se remplacer par un nom :

>   Il peut lire.

> ★ Il peut la lecture.

Il vaut mieux considérer que *lire* est conjugué avec l'« auxiliaire » *pouvoir* plutôt que l'interpréter comme COD du verbe *pouvoir*.

D — *Un pronom personnel*

D1   Pronoms personnels spécifiques du COD :

Certains pronoms ne peuvent avoir que la fonction COD : *le, la, les, l'*.

Il regarde l'avion	→ il le regarde.
Il mange une tarte	→ il la mange.
Il a rencontré ses amis	→ il les a rencontrés.
Il a acheté des fleurs	→ il les a achetées.
Il envoie un paquet	→ il l'envoie.

Ces pronoms sont placés avant le verbe (antéposés). Ils varient en genre et en nombre.

D2   Pronoms personnels non spécifiques du COD

a. Le pronom *en* qui peut remplir plusieurs fonctions (COI, CC) est COD lorsque l'on a affaire à un article partitif.

Il prend du pain	→ il en prend.
Il prend des cerises	→ il en prend.

Il est placé avant le verbe (antéposé), mais il n'indique ni le genre ni le nombre.

b. Les pronoms de première et deuxième personnes, *me, te, nous, vous*, peuvent aussi être COD :

>   Ce chien essayait de me mordre.

Ils sont placés avant le verbe (antéposés) et n'indiquent pas le genre ; en revanche, ils indiquent le nombre et la personne. Ils ne renvoient à aucun antécédent.

E **Un pronom démonstratif** *(celui-ci...),* **un pronom possessif** *(le mien...),* **un pronom indéfini** *(tout, rien...).*

J'ai perdu mon crayon, donne-moi le tien.

F **Le pronom relatif** que :

Les feuilles que le vent a fait tomber voltigent dans l'air.

que est COD du verbe *a fait tomber ;* par ailleurs, il représente *feuilles* qui est, lui, sujet du verbe *voltigent.* (Voir Pronoms relatifs, page 221, D1.)

G **Une proposition subordonnée conjonctive** introduite par une conjonction de subordination :

Les hirondelles attendent	que l'automne arrive.
	l'arrivée de l'automne.
Les clients aiment	qu'on les serve vite.
Il pense	que son père viendra.
Dites-moi	si cela vous gêne.

REMARQUE. Ces propositions subordonnées compléments de verbe sont nommées **subordonnées conjonctives.** Certaines grammaires les divisent en deux catégories :
1. Les conjonctives qui sont COD appelées **complétives :**

Je pense qu'il viendra.

2. Les conjonctives qui sont compléments circonstanciels appelées circonstancielles :

Il n'est pas venu parce qu'il était malade.

Les subordonnées complétives se rencontrent surtout après certains verbes du type *dire, penser,* etc. (pour plus de détails, voir *Propositions subordonnées,* page 225, II A).

III DIFFÉRENCE ENTRE LE COD ET D'AUTRES FONCTIONS

A COD / CC

C'est surtout le fait de pouvoir supprimer et déplacer facilement le CC qui le distingue du COD :

Chaque matin il boit son café avec plaisir.
CC   COD

Il boit son café avec plaisir chaque matin.
COD   CC

Souvent le CC est un groupe prépositionnel mais certains CC sont des noms sans préposition. Ceci peut être une source de confusion. Dans :

Il travaille la nuit.
Il travaille l'anglais.

c'est le déplacement facile de *la nuit* qui permet de l'identifier comme un CC, alors que le déplacement de *l'anglais* oblige à utiliser un pronom personnel complément :

La nuit, il travaille.
L'anglais, il le travaille.
COD

REMARQUE. On peut cependant observer une tendance à dire :

L'anglais, il travaille.
COD

sur le modèle de : *Les voyages j'aime. Le ski j'adore.* mais il s'agit là d'usage oral familier.

B COD / Sujet

C'est par leur place par rapport au verbe que l'on peut reconnaître l'une et l'autre fonction :

Le chat mange la souris.
sujet   COD

La souris mange le chat.
sujet   COD

(Voir place du COD, page 80, B2.)

C · *COD / COI*

Le COD se construit sans préposition :

Il promène <u>son chien.</u>
COD

Il pense **à** <u>son chien.</u>
COI

Mais il faut faire attention à l'article partitif qui, bien que faisant apparaître *de,* conserve la construction directe (voir page 83, B5) :

Il mange <u>de la soupe.</u>
COD

D · *Attribut du COD* (voir *Adjectif qualificatif,* page 15, A1.)

IV POURQUOI EST-IL IMPORTANT DE RECONNAITRE LE COD ?

A · *L'accord du participe passé*

A quoi sert de bien identifier le COD ? C'est la seule façon de bien assurer l'accord du participe passé avec *avoir.* Lorsque le COD est un pronom personnel, il se trouve avant le verbe :

Ces mouettes, je <u>les</u> vois.

Si l'on met le verbe à un temps composé, le participe passé devra s'accorder avec *les* qui désigne *mouettes :*

<u>Ces mouettes,</u> je <u>les</u> ai vu**es.**
COD

Cet accord ne s'entend pas toujours :

La besogne que j'ai termin**ée.**

Pour certains verbes au contraire, cet accord s'entend, il se prononce :

Le pantalon que j'ai <u>mis.</u> - La veste que j'ai <u>mise.</u>

REMARQUE. On note, d'une part, une tendance, à l'oral, à ne plus marquer cet accord :

★ Les fleurs que j'ai mis dans le vase.

★ La promenade que nous avons fait.

et d'autre part la tendance inverse à pratiquer un accord fautif ;

★ Cette femme il l'a faite venir.

Le participe passé suivi d'un infinitif reste invariable même si un COD se trouve placé avant.

 B *Pronom personnel COD*

Dans tous les cas, le verbe ne s'accorde qu'avec son sujet, même s'il est immédiatement précédé d'un pronom personnel COD d'un genre et d'un nombre différents de celui du sujet :

Il le voit. - Il les voit.
Ils le voi**ent**. - Ils les voi**ent**.

 C *COD / Attribut du sujet*

Généralement, on trouve le COD en posant la question « quoi ? » :

Il mange (quoi ?) de la viande.
COD

Après *être* et les verbes d'état il n'y a jamais de COD.
Il s'agit d'un *attribut du sujet* :

Il est (quoi ?) content. - Il semble (quoi ?) fatigué.

D *Mise en relief*

Si l'on veut attirer l'attention du lecteur ou de l'auditeur sur le nom remplissant la fonction de COD, plusieurs procédés sont utilisables.

D1 Le mazout a tué ces poissons.
COD

Ces poissons, le mazout les a tués.

Il écoute ce disque souvent.

Ce disque, il l'écoute souvent.

Le COD est placé en tête de la phrase et il est repris par un pronom personnel COD placé immédiatement avant le verbe.

D2 Le chat préfère la soupe.

C'est la soupe que le chat préfère.

COD

Ici encore le COD se trouve placé en tête de phrase. Mais sa fonction COD n'est pas rappelée comme précédemment par un pronom spécialisé, mais par l'encadrement *c'est... que.*

| REMARQUE. Si on veut mettre en valeur le sujet, on utilise l'encadrement
| *c'est... qui.*

D3 En France les étrangers préfèrent la cuisine.

Ce que les étrangers préfèrent en France, c'est la cuisine.

Dans ce dernier cas, le COD apparaît à la fin de la phrase et sa mise en valeur est assumée par *Ce que ... c'est + COD.*

| REMARQUE. Si on veut mettre en valeur le sujet, on utilise *Ce qui ...*
| *c'est ... + sujet.*

V VISUALISATION

La représentation en arbre est alors la suivante :

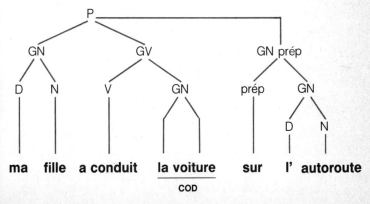

LE COMPLÉMENT D'OBJET INDIRECT

Ce qu'il faut savoir

- Il est parfois nommé :
- complément essentiel indirect ;
- complément indirect d'objet du verbe ;
- fonction complément indirect de verbe.

Nous utiliserons ici l'abréviation COI :

> Il a parlé durement à son fils.
> <u>COI</u>

- Pour les grammaires qui utilisent le couple de termes : complément essentiel / complément circonstanciel, le COI fait partie des **compléments essentiels.** Parfois certains COI sont nommés compléments d'objet second (COS).
(Voir page 65, I.)

- Pour les grammaires qui utilisent le couple de termes : complément de verbe / complément de phrase, le COI fait partie des **compléments de verbe.** (voir page 67, II.)

- D'autres présentations de la phrase se bornent à distinguer les compléments de construction indirecte et les compléments de construction directe sans signaler l'existence d'un complément d'objet indirect.

| COMMENT LE RECONNAITRE ?

A | *Critères faisant appel au sens* (critères sémantiques)

De même que pour le complément d'objet direct (COD), le COI représente l'être ou la chose sur lesquels porte l'action exprimée par le verbe.

B | *Critères faisant appel à des manipulations* (critères formels)

Les grammaires récentes ont tendance à faire moins appel au sens et à proposer des manipulations de la phrase qui permettent d'identifier le COI en observant son comportement. C'est ce que l'on nomme des critères formels. Voici les cinq critères les plus fréquemment utilisés :

B1 Le COI n'est pas supprimable

Ce jeune homme succédera à son père, l'an prochain.
<u>COI</u>   <u>CC</u>

Si l'on supprime *à son père,* les mots qui restent ne forment pas un énoncé complet :

★ Ce jeune homme succédera l'an prochain.

alors que la suppression de *l'an prochain* appauvrit la phrase, mais ne laisse pas cette impression d'inachèvement :

Ce jeune homme succédera à son père.

⚠ Il faut pourtant bien admettre qu'il ne s'agit pas là d'un caractère généralisable à tous les COI. Dans :

Nous avons téléphoné à nos amis, dès notre retour.
<u>COI</u>   <u>CC</u>

la suppression de *à nos amis* (COI) n'est pas plus gênante que la suppression de *dès notre retour* (CC de temps). Dans :

Nous avons téléphoné.

l'énoncé qui reste est plus pauvre en information, mais ne laisse pas cette impression de phrase inachevée.

Comme dans le cas du COD et aussi de certains CC, c'est le verbe utilisé qui détermine le caractère obligatoire ou facultatif du COI.

On accepte facilement :

> L'enfant sourit.

à partir de : **L'enfant sourit <u>à sa mère</u>.**

On accepte moins facilement :

> *   Je m'aperçois.

à partir de : **Je m'aperçois <u>de l'erreur que j'ai faite</u>.**

REMARQUE. Les deux phrases :

> Alain parle <u>à son chien</u>.
> Alain parle <u>de ses vacances</u>.

se réduisent facilement et donnent, l'une comme l'autre :

> Alain parle.

Il est cependant difficile de dire si l'on a affaire à un seul et même verbe qui signifie à la fois *s'adresser à quelqu'un, raconter quelque chose* et *émettre des sons avec sa bouche,* ou à trois verbes différents.

➡   Le caractère non supprimable du COI ne peut être considéré comme un critère suffisant à lui seul pour identifier le COI.

B2   Le COI n'est pas déplaçable

a. Le COI n'est pas un groupe mobile. C'est encore un caractère qu'il semble avoir en commun avec le COD. La place du COI est **à droite** du verbe (après le verbe), on ne peut, en général, pas le déplacer.

> Il pense <u>à ses parents</u>.
> * A ses parents il pense.

> Il se souvient <u>de cet homme</u>.
> * De cet homme il se souvient.

b. Dans certains cas, il est possible de placer le COI à gauche du verbe :

1. Si le verbe est complété par un autre complément :

> <u>De cette affaire</u> le président n'a pas parlé <u>en public</u>.
> <u>A leurs parents</u> ils obéissent <u>volontiers</u>.

95

2. Si l'on veut marquer l'opposition entre deux actions :

> A Jacques je répondrai non, alors qu'à Jean, je répondrai oui.

c. **Mise en relief**

Si l'on désire placer le COI en tête de phrase, il existe un procédé, fréquemment employé dans la langue parlée, qui permet ce déplacement : le COI peut être repris par un pronom personnel :

> Ce gardien, je me souviens de lui. Il était là autrefois.

> Cette aventure, je n'en parlerai pas puisqu'elle lui rappelle de mauvais souvenirs.

REMARQUE. Dans le cas où le COI apparaît dans une phrase comportant un COD, c'est-à-dire lorsqu'il est un complément d'objet second (COS), il devient plus facile de le déplacer avant le verbe (voir *Complément d'objet second,* page 109, B2).

> Il offre des fleurs à sa mère.
>
>   COD   COI (COS)

> A sa mère il offre des fleurs.
>
> COI (COS)   COD

Le fait que le verbe soit complété par un COD atténue le caractère inachevé de la phrase.

B3 Le COI ne joue aucun rôle dans la transformation passive

Le COI ne peut pas devenir sujet de la phrase passive. C'est là une différence essentielle de comportement par rapport au COD.

> La maîtresse a puni cet enfant.
>
> sujet   COD

> Cet enfant a été puni par la maîtresse.
>
> sujet   compl. d'agent

Mais :

> La maîtresse parle à cet enfant.
>
> sujet   COI

ne peut donner

> ★ Cet enfant est parlé par la maîtresse.

B4 On peut remplacer le COI par un pronom

Le nom remplissant la fonction COI peut être remplacé par un pronom personnel complément indirect.

> Il s'intéresse à ses élèves. → Il s'intéresse à eux.
>
> Il se souvient de sa première femme. → Il se souvient d'elle.
>
> Il pense à son jardin. → Il y pense.

Ces pronoms (qui varient en genre et en nombre) sont : *lui, elle, eux, elles.* Ils peuvent se combiner avec les deux prépositions *à* et *de.* Si le COI représente un inanimé, ce sont généralement les pronoms *en* (correspondant à la préposition *de*) et *y* (correspondant à la préposition *à*) qui sont utilisés. Ces deux pronoms ne permettent plus de distinguer le genre et le nombre.

B5 Le COI est un complément indirect

a. Il se construit toujours à l'aide des prépositions **à** ou **de.** On peut dire que le COI est un groupe nominal prépositionnel.

b. Les prépositions utilisées sont en nombre limité *(à, de).* De plus, elles sont étroitement liées au verbe utilisé. On parle de prépositions spécifiques, non interchangeables (non commutables) alors que dans le cas du complément circonstanciel on peut avoir de multiples prépositions. Comparons :

> Il pense **à** son travail.
>
> Il s'aperçoit **de** son retard.

et Il marche dans les prés.
à travers les prés.
autour des prés.
vers les collines.
depuis deux heures.
avec peine.
pour passer le temps.
à grands pas.
de bonne heure.

On peut dire que, dans le cas du complément circonstanciel, le choix de la préposition est relativement libre, par rapport au verbe utilisé. Dans le cas du COI, la préposition dépend du verbe utilisé.

> On parle **à** quelqu'un, ou **de** quelque chose.
>
> On s'aperçoit **de** quelque chose.

(Voir *Complément circonstanciel,* page 62.)

REMARQUE.

1. Suivant les grammaires, on rencontrera deux types de « découpage » pour le COI :

> Je parle à mon père.
> V   + GN prép.

Dans ce cas on a affaire à un verbe : *parler,* qui pourra se construire différemment.

> Je parle à mon père.
> V   GN

Dans ce cas, on considère qu'à partir de *parler* il y a plusieurs verbes possibles :

> Parler (une langue) (fort)
> Parler à (s'adresser)
> Parler de (raconter)

2. Les COI ne sont pas les seuls compléments de verbe de construction indirecte. Le tableau suivant peut résumer quatre cas :

Complément	Direct	Indirect
d'objet	pas de préposition 1	préposition **à** ou **de** 2
circonstanciel	souvent des adverbes 3	prépositions nombreuses 4

1. Il mange sa soupe.
   Il parle l'anglais.
2. Il parle à son chien.
3. Il parle vite.
4. Il parle avec ses mains.
   depuis une heure, etc.

II QU'EST-CE QUI PEUT ÊTRE COI ?

A *Un nom* relié au verbe par une préposition :

Il s'intéresse à <u>la pêche</u>.

B *Un groupe nominal prépositionnel* (GN prép.) :

Il s'intéresse à <u>la pêche au thon</u>.

C *Un infinitif :*

Il pense à <u>courir</u> (= à la course).

D *Un pronom personnel complément* précédé des prépositions *à* ou *de* et placé après le verbe.

D1 **A la troisième personne** du singulier et du pluriel.
Lui, elle, eux, elles précédés de *à* ou *de* suivant la construction du verbe :

Je me souviens de lui.	Je pense à lui.
d'elle.	à elle.
d'eux.	à eux.
d'elles.	à elles.

Ces quatre pronoms remplacent le plus souvent un COI désignant un être animé. En revanche, lorsqu'il s'agit d'un inanimé on utilise généralement **en** (si le verbe se construit avec la préposition **de**) et **y** (si le verbe se construit avec la préposition **à**) :

Il pense à <u>son jardin</u>. → Il <u>y</u> pense.

Il parle <u>de son voyage</u>. → Il <u>en</u> parle.

Ces pronoms se placent avant le verbe.

REMARQUE. On observe une forte tendance dans la langue parlée à utiliser *en* et *y* même lorsqu'il s'agit d'êtres animés et d'êtres humains :

Il pense souvent à <u>ce vieux comédien</u>. → Il <u>y</u> pense souvent.

Il ne parle plus <u>de sa tante</u>. → Il n'<u>en</u> parle plus.

On peut dire que dans l'usage contemporain, *lui, elle, eux, elles* sont réservés aux animés, alors que *en* et *y* peuvent renvoyer aussi bien aux animés qu'aux inanimés.

Dans le cas particulier où le COI est un **COS,** le pronom se construit sans préposition et il est placé avant le verbe (voir page 109, B2).

> Il lui donne une pomme.

Ces pronoms ne peuvent être que *lui* et *leur*.

REMARQUE.

1. Si l'on veut insister, on peut retrouver la construction du COI avec préposition ; la distinction de genre réapparaît. C'est surtout le cas dans le langage parlé.

> Je lui donne une pomme à lui.
>
> Je lui donne une pomme à elle.
>
> Je leur donne une pomme à eux.
>
> Je leur donne une pomme à elles.

2. On peut également rencontrer des procédés de mise en relief où le pronom complément avec préposition passe devant le verbe :

> A lui je lui donnerai de l'argent, mais à elle je ne lui donnerai rien.

D2 **Aux autres personnes,** les pronoms utilisés sont *moi, toi, nous, vous,* précédés des prépositions *à* et *de*.
Ils sont placés après le verbe :

	moi		moi
	toi		toi
Il pense à		Il parle de	
	nous		nous
	vous		vous

E *Un pronom démonstratif (celui-ci...),* **un pronom possessif** *(le mien...),* **un pronom indéfini** *(tout, rien),* **un pronom relatif** *(duquel, auquel...).*

> Depuis son accident, il ne se souvient de rien.

REMARQUE.

1. Les pronoms relatifs COI résultent de la combinaison des prépositions **à** et **de** avec la série **lequel,** etc. (n'importe quelle autre préposition peut d'ailleurs se combiner avec cette série : *avec lequel, pour lequel,* etc.) :

> La fille à laquelle je pense a déménagé.

2. Dans un langage soutenu, on aura tendance à utiliser la combinaison de **à** et **de** avec **qui** lorsqu'il s'agit d'un animé :

> L'homme de qui je t'ai parlé est professeur.

> L'homme à qui je pense pourrait nous rendre ce service.

3. Enfin, l'usage courant veut que l'utilisation de **dont** se généralise chaque fois que l'on a affaire à une construction avec **de** :

> L'homme dont je t'ai parlé est très sportif.

Dans ce cas, il n'y a plus de distinction ni de genre, ni de nombre, ni d'animé/inanimé :

> L'homme
> La femme
> L'arbre   dont je me souviens...
> Les arbres

(Pour plus de détails, voir Pronoms relatifs, page 221, D.)

III DIFFÉRENCE ENTRE LE COI ET D'AUTRES FONCTIONS

A COI / COD

Trois différences de comportement permettent de distinguer le complément d'objet de construction directe du complément d'objet de construction indirecte :

A1 Le COD est un groupe nominal sans préposition (GN) alors que le COI est un groupe nominal prépositionnel (GN prép.).

> Michel s'occupe de la nourriture.
> _____
> COI

> Michel mange la tarte.
> _____
> COD

Il faut faire attention aux **articles partitifs** qui ne jouent pas le rôle d'une préposition :

> Michel mange de la tarte.
> _____
> COD

De la tarte est de construction directe (voir *Complément d'objet direct*, page 83, B5).

A2   Le COI ne peut jamais devenir sujet de la phrase passive alors que le COD peut le devenir :

Jacques pense <u>à son chien</u>.
COI

★ Son chien est pensé par Jacques.

Mes amis ont acheté <u>cette maison</u> en 1975.
COD

<u>Cette maison</u> a été achetée par mes amis en 1975.
    sujet

A3   ● Lorsque le GN COD est remplacé par un pronom personnel, on utilisera *le, la, les, l'*, placés avant le verbe :

Pierre regarde <u>le chien</u>.
COD

Pierre <u>le</u> regarde.
  COD

● Lorsque le GN COI est remplacé par un pronom, on utilisera *lui, elle, eux, elles*, placés après le verbe :

Pierre pense <u>à son chien</u>.
COI

Pierre pense <u>à lui</u>.
COI

B   *COI / COS*

Le COS est un cas particulier du COI. C'est un COI qui apparaît lorsqu'il y a déjà un COD dans la phrase. Les pronoms qui le remplacent alors sont *lui, leur*, placés avant le verbe :

Il se souvient <u>des soldats</u>.
COI

Il se souvient <u>d'eux</u>.
COI

Il rend la monnaie aux clients.
      <u>COS</u>

Il <u>leur</u> rend la monnaie.
<u>COS</u>

REMARQUE. Le COS est plus facilement déplaçable que le COI (voir *Complément d'objet second,* page 109, B2).

COI / CC

Le COI est toujours un groupe nominal prépositionnel et la préposition utilisée est soit **à,** soit **de.** Elle dépend du verbe choisi :

Il songe <u>à ses dernières vacances.</u>

(On ne peut avoir ici une préposition autre que *à*.)

Le CC peut être un GN prépositionnel ou tout autre chose (un adverbe, par exemple). Si l'on a affaire à un GN prépositionnel, on peut rencontrer toute une série de prépositions (dont *à* et *de*) mais elles ne dépendent pas du verbe choisi :

Il parle <u>à</u> tort et à travers.

<u>pour</u> ne rien dire.

<u>avec</u> ses mains.

<u>par</u> habitude.

(On a affaire au verbe *parler* suivi d'un GN prépositionnel dont la préposition peut varier.)

IV POURQUOI EST-IL IMPORTANT DE RECONNAITRE LE COI ?

Il convient de bien reconnaître la construction indirecte d'un complément pour utiliser correctement les pronoms personnels et les pronoms relatifs correspondant, au COD d'une part, et au COI d'autre part.

A *Les pronoms personnels*

A1 Il faut distinguer l'ensemble *le, la, les, l'* (parfois *en*), qui remplace le COD, et l'ensemble *lui, elle, eux, elles, en, y,* qui remplace le COI (voir page 99, D).

A2 Parmi les pronoms remplaçant un COI, on notera que :

a. *lui, elle, eux, elles* sont utilisés pour remplacer un COI **animé :**

Je pense à mon père → je pense à lui

masc. sing.

Je pense à ma mère → je pense à elle

fém. sing.

Je pense à mes parents → je pense à eux

masc. pl.

Je pense à mes sœurs → je pense à elles

fém. pl.

Le genre et le nombre sont marqués par le pronom en fonction du nom remplacé.

b. *Y* et *en* sont utilisés pour remplacer un COI **inanimé :**

Je pense à mes vacances → j'y pense.

Je me souviens de mes vacances → je m'en souviens.

On constate que les pronoms *y* et *en* ne varient ni en genre ni en nombre par rapport au nom qu'ils remplacent.

B *Les pronoms relatifs*

B1 **Avec la préposition *de***

L'exemple suivant :

Je t'ai parlé de cet homme.

peut donner lieu à trois constructions relatives :

C'est de cet homme que je t'ai parlé.

C'est cet homme de qui je t'ai parlé.

C'est cet homme dont je t'ai parlé.

⚠ * C'est cet homme que je t'ai parlé.

n'est pas acceptable.

B2 Avec la préposition à

J'ai parlé à cet homme.

C'est l'homme à qui j'ai parlé.

La préposition *à* se conserve obligatoirement dans la construction relative.

➡ On prendra bien garde d'utiliser le pronom relatif qui convient en fonction de la construction directe ou indirecte et de la préposition utilisée.

La réunion	que j'ai provoquée
	(on provoque quelque chose, construction directe).
	dont je vous ai parlé
	(on parle de quelque chose, construction indirecte avec *de*).
	à laquelle je vous ai invités
	(on invite *à* quelque chose, construction indirecte avec *à*).

V VISUALISATION

La représentation en arbre est alors la suivante :

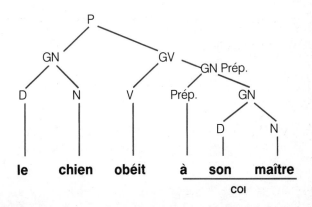

LE COMPLÉMENT D'OBJET SECOND / COMPLÉMENT D'ATTRIBUTION

Ce qu'il faut savoir

● L'ancien terme **complément d'attribution** est de plus en plus remplacé par un nouveau terme : **complément d'objet second (COS)** ; on trouve aussi complément d'objet secondaire ou quelquefois complément d'objet indirect second (COIs) ou encore complément attributif :

La fermière donne du grain à ses poules.

Pierre envoie un paquet à sa grand'mère.

● Beaucoup de grammaires préfèrent ne plus utiliser le terme *complément d'attribution* parce que :

a. ce terme risque de prêter à confusion avec le terme *attribut du sujet* (voir page 15, A), avec lequel il n'a rien de commun ;

b. ne plus utiliser *attribution* permet de regrouper plus facilement des constructions identiques qui désignent tantôt celui **à qui** l'on donne, tantôt celui **de qui** l'on reçoit :

Mon voisin écrit une lettre à son frère.

Mon voisin reçoit une lettre de son frère.

● Pour les grammaires qui utilisent le classement : complément essentiel / complément circonstanciel, le COS est un **complément essentiel** (quoiqu'on puisse parfois le supprimer). Il fait partie du groupe verbal.

● Pour les grammaires qui utilisent le classement : complément de verbe / complément de phrase, le COS est un **complément de verbe** même si parfois il fait preuve d'une certaine mobilité.

● Pour les grammaires qui n'utilisent ni l'un ni l'autre de ces classements, le COS ou le complément d'attribution est un complément **du** verbe parmi les autres (COD, COI, CC).

| COMMENT LE RECONNAITRE ?

A | *Critères faisant appel au sens*
(critères sémantiques)

Au terme **complément d'attribution** correspond une définition qui fait appel au sens. On parle de complément d'attribution lorsque l'on a affaire à des compléments qui indiquent en faveur de qui ou au détriment de qui (ou de quoi) un acte est accompli.

> Il a offert des fleurs <u>à sa mère</u>.
> Il a interdit <u>à Pierre</u> de sortir le soir.

Autrement dit, les grammaires qui utilisent le terme **complément d'attribution** désignent par là « le bénéficiaire » ou « la victime » d'une action.

> C'est toi qui remettras la coupe <u>au vainqueur</u>.
> On a retiré <u>à mon frère</u> son permis de conduire.

REMARQUE. On précise parfois que c'est le point ultime de l'action :

> Il → donne → <u>des roses</u> → <u>à sa mère</u>.
>   COD   COS

B | *Critères faisant appel à des manipulations*
(critères formels)

Au terme **complément d'objet second** correspond une définition qui fait appel à des critères formels mis en évidence par des manipulations. Voici six critères rencontrés le plus fréquemment.

B1   Il n'y a pas de COS sans COD

Si, dans une phrase, on peut parler de complément d'objet second, c'est parce que le verbe est déjà accompagné d'un complément d'objet direct (COD). Autrement dit, il n'y a en général de COS que s'il y a déjà un COD. Si l'on essaie de supprimer le COD, on obtient une phrase non acceptable, agrammaticale.

Il a reçu des nouvelles de son père.

★ Il a reçu de son père.

Le gardien donne des indications à un visiteur.

★ Le gardien donne à un visiteur.

C'est alors que *second* prend tout son sens : le COS accompagne un COD « premier ».

⚠ On peut cependant, dans certains cas, rencontrer un COS seul.

Il a emprunté trois millions à ses parents.

Il a emprunté à ses parents.

Il enseigne le français aux enfants étrangers.

Il enseigne aux enfants étrangers.

Il donne des vêtements aux pauvres.

Il donne aux pauvres.

B2 Place du COS

Second ne veut pas dire que le COS occupe obligatoirement la deuxième place. Il apparaît habituellement en deuxième position mais on peut dans certains cas le rencontrer avant le COD.

Le général remet une décoration au caporal.
                                    COS

L'espion avait fourni à l'ennemi le plan de la fusée.
                      COS

On obtient dans ce cas un effet de mise en valeur du COS. Cette « inversion » se pratique d'autant plus facilement que le COD est un groupe plus long que le COS.

La presse a annoncé au monde entier le voyage du Pape en Amérique Latine.   COS

B3 Le COS est toujours un complément de construction indirecte

Il fait partie des compléments d'objet indirect (COI). Après un verbe on peut trouver soit un COD, soit un COI, soit les deux.

Il mange <u>son pain</u>.
COD

Il parle <u>de ses vacances</u>.
COI

Mais dans le cas où le verbe est suivi d'un COD **et** d'un COI, ce dernier est appelé COS.

Elle chante <u>une romance</u> <u>à son bébé</u>.
COD   COS

La maîtresse habitue <u>l'enfant</u> <u>à la discipline</u>.
COD   COS

Certaines grammaires, pour mieux préciser, utilisent le terme de complément d'objet indirect second (COIs).

Les prépositions utilisées sont presque toujours **à, de** et **pour** :

Il commande un whisky <u>à</u> la serveuse.

Il a obtenu une autorisation <u>de</u> la directrice.

Elle voudrait acheter un cadeau <u>pour</u> son fils.

B4 Le COS n'est pas concerné par la transformation passive

Lorsque l'on met une phrase au passif, le COD devient sujet. Le COS, lui, reste COS.

Le ministre a accordé deux jours de congé <u>aux fonction-naires</u>.

Deux jours de congé ont été accordés par le ministre <u>aux fonctionnaires</u>.

B5 Verbes se construisant avec un COS

Le COS apparaît principalement après les verbes à double complément d'objet. Ces verbes ont souvent un sens proche de : *donner*, *prendre*, *dire*. Voici les verbes les plus fréquemment rencontrés :

donner	prendre	dire
abandonner	acheter	apprendre
accorder	confisquer	classer
annoncer	dérober	commander
apporter	emprunter	crier
distribuer	voler	demander
envoyer		écrire
fournir		engager à
laisser		enseigner
livrer		imposer
montrer		indiquer
offrir		interdire
porter		ordonner
prescrire		permettre
présenter		prédire
prêter		promettre
rembourser		proposer
remettre		raconter
rendre		refuser
		signaler

La construction la plus fréquente est du type :

Donner
Prendre | quelque chose à quelqu'un.
Dire

On peut rencontrer d'autres constructions du type :

Obtenir
Recevoir | quelque chose de quelqu'un.

Dans ces deux cas le **COS** désigne un **être animé** et le **COD** un **inanimé.**
En revanche, le COS est inanimé dans des constructions du type :

Prévenir
Charger
Remercier | quelqu'un de quelque chose.
Priver

111

B6 On peut remplacer le COS par un pronom

a. COS animé

On peut toujours remplacer le groupe nominal COS par un pronom personnel spécifique. Ces pronoms sont **lui** au singulier, **leur** au pluriel s'il s'agit d'un animé :

> Il apporte des bonbons à sa fiancée.

> Il lui apporte des bonbons.

> La boulangère rend la monnaie aux clients.

> La boulangère leur rend la monnaie.

Avec *lui* et *leur,* seul le nombre est marqué. Le genre ne l'est pas.

 Leur, pronom en fonction de COI ou de COS, ne prend jamais de *s* :

> Le vieil homme leur racontait des histoires du passé.

b. COS inanimé

S'il s'agit d'un COS désignant un inanimé, les pronoms qui apparaissent sont **y** (correspondant à la préposition **à**) et **en** (correspondant à la préposition **de**).

> Il avait contraint son complice au silence.

> Il y avait contraint son complice.

> Ils nous soupçonnaient de vol.

> Ils nous en soupçonnaient.

Avec *y* et *en* il y a disparition de toute marque de genre et de nombre.

➡️ Après avoir passé en revue ces différents critères, on voit mieux le rapport qui s'établit entre le terme nouveau : **COS** et le terme ancien : **complément d'attribution.** On peut dire que les compléments d'attribution sont toujours des COS ; en revanche, on peut rencontrer des COS qui ne sont pas des compléments d'attribution.

On peut faire un tableau regroupant l'ensemble des compléments d'objet indirect :

COI		
	COS	
		C. d'attribution
1	2	3

1. Je parle à mon chien.
2. Ils ont accusé cet homme de corruption.
3. J'ai expédié un colis à ma tante.

II QU'EST-CE QUI PEUT ÊTRE COS ?

A Un groupe nominal prépositionnel

Le guide signale une crevasse aux touristes.

Les prépositions utilisées sont **à, de** et **pour** :

Il obtint l'accord du gouvernement.
Il a acheté des fleurs pour sa mère.

B Un pronom personnel

Le complément d'objet second peut être un pronom :

Il passe le ballon au goal sous les sifflets du public.
Il lui passe le ballon...

B1 Ces pronoms sont des pronoms personnels de construction indirecte ; ils varient selon la personne.

	me	
	te	
	lui	
Il	nous	passe le ballon.
	vous	
	leur	

113

REMARQUE.

1. Ces pronoms ne distinguent pas le genre masculin du genre féminin.

> Je laisse mon chien à ma tante.
>
> à mon oncle.

> Je lui laisse mon chien
> (il peut s'agir aussi bien de l'oncle que de la tante).

2. Ces pronoms perdent la préposition des groupes nominaux qu'ils remplacent :

> à ma tante → lui

Ils doivent cependant toujours être considérés comme indirects ; on peut faire réapparaître la préposition en insistant sur le destinataire :

Il				
	me	donne des bonbons → c'est	à moi	qu'il les donne.
	te		à toi	
	lui		à lui	
	nous		à nous	
	vous		à vous	
	leur		à eux	

3. Les pronoms personnels qui remplacent les COS ne se distinguent des pronoms personnels qui remplacent les COD qu'à la troisième personne du singulier et du pluriel :

> Il envoie un paquet par la poste.
>   COD
> Il l'envoie par la poste.

> Il envoie un paquet à sa mère.
>   COS
> Il lui envoie un paquet.

> Il montre des échantillons.
>   COD
> Il les montre.

> Il montre des échantillons à des clientes.
>   COS
> Il leur montre des échantillons.

Pronoms personnels compléments	
indirects	**directs**
me	me
te	te
lui	**le / la**
nous	nous
vous	vous
leur	**les**

B2   Place des pronoms remplaçant les COS

a. Si le COD est un groupe nominal, le pronom personnel qui remplace le COS se place entre le sujet et le verbe :

Le croupier distribue des jetons aux joueurs.
    sujet   V   COD   COS

Le croupier leur distribue des jetons.
    sujet   COS   V   COD

A l'*impératif,* le pronom COS reste après le verbe :

Il lui donne de l'argent.
  COS V

Donne-lui de l'argent !
  V   COS

b. Si le COD est un pronom personnel, le pronom personnel qui remplace le COS reste placé entre le sujet et le verbe, mais sa position par rapport au pronom COD varie suivant les personnes :

● On a l'ordre COS-COD lorsque le COS est aux première et deuxième personnes :

Le facteur	me donne une lettre	un paquet.
	COS COD	COD
Le facteur	me la donne	me le donne
	COS COD	COS COD
	te la donne	te le donne
	nous la donne	nous le donne
	vous la donne	vous le donne

● On a l'ordre COD-COS lorsque le COS est à la troisième personne :

<u>la</u> <u>lui</u> donne COD COS	<u>le</u> <u>lui</u> donne COD COS
la leur donne	le leur donne

Robert prête son livre <u>à Bernard.</u>
COS

Il le prête à Bernard.

Il le <u>lui</u> prête.
COS

> REMARQUE. Dans le langage oral familier, lorsque les deux pronoms (COD et COS) sont à la troisième personne, on n'entend pratiquement plus le pronom personnel COD :
>
> Il <u>me</u> donne une pomme.
>
> I <u>m'</u><u>la</u> donne. (Les deux pronoms restent.)
>
> alors que :
>
> Je <u>lui</u> donne une pomme.
>
> J'<u>lui</u> donne. (Le pronom direct « disparaît ».)

III DIFFÉRENCE ENTRE LE COS ET D'AUTRES FONCTIONS

En raison de sa construction indirecte et de l'emploi fréquent des prépositions **à** et **de** on risque de confondre le COS avec d'autres compléments indirects construits avec les mêmes prépositions :

J'offre des fleurs <u>à ma mère.</u>
COS

Je pense <u>à ma mère.</u>
COI

Il écrit une lettre <u>au ministre.</u>
COS

Il écrit une phrase <u>au tableau.</u>
CC

Il achète un cadeau <u>pour son fils.</u>
COS

Il achète un cadeau pour son anniversaire.
                        _____
                                CC

Il donne la pipe à papa.
            _____
                COS

Il donne la pipe à papa à réparer.
                     _____
                     C. du nom

(dans un parler familier, au lieu de : la pipe de papa).

IV VISUALISATION

A On rencontre selon les grammaires les symbolisations suivantes :

Pierre	donne	du pain	aux oiseaux
Sujet	verbe	COD	COS
GNI	V	GN2	GN2 prép.
GNI	V	GN2	GN3 prép.
GNS	V	GNO	GN prép.
S	V	COD	COI prép.
GS	V	COD	COIs
GN	V	GN	GN prép.

Ces diverses symbolisations soulignent toutes le fait que le COS est un groupe nominal prépositionnel qui apparaît en plus d'un groupe nominal complément d'objet de construction directe.

B *Représentation en arbre :*

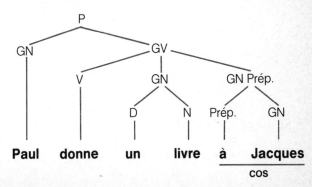

COORDINATION/ SUBORDINATION

Ce qu'il faut savoir

● Ce sont deux procédés différents permettant de mettre en relation les éléments (mots ou groupes de mots) d'une même phrase, ou de relier entre elles des phrases ou des propositions différentes par un mot qui indique le type de relation entretenu.

● La **coordination** permet de mettre en relation des mots, groupes de mots ou phrases qui ont le même statut syntaxique : mêmes fonctions, mêmes classes grammaticales ; l'existence de l'un des éléments mis en relation ne dépend pas de l'existence de l'autre.

Pierre **et** Jacques jouent au tennis.

● La **subordination** est une relation qui s'établit entre des mots, groupes de mots ou phrases qui ont des statuts syntaxiques inégaux, des fonctions différentes ; l'existence de l'un des éléments mis en relation dépend de l'existence de l'autre.

La mère **de** son amie s'est chargée du gâteau.

● Dans tous les cas où il y a une mise en relation sans utilisation de mots de liaison, on parlera de **juxtaposition.**

COORDINATION ET SUBORDINATION A L'INTÉRIEUR D'UNE MÊME PROPOSITION

A Coordination

Dans une phrase, on ne peut coordonner que des mots de même fonction et de même nature :

Marie **et** Cécile ont rencontré là-bas des hommes **et**
GN sujet   GN sujet   GN COD

des femmes d'une grande pauvreté.
GN COD

La rue était bordée de petites **mais** belles demeures.
                         adjectif   adjectif
                         épithète   épithète

Elle vivait avec son père **et** sa jeune sœur.
            GN CC   GN CC

→ La coordination permet donc d'utiliser dans la même fonction plusieurs éléments.

REMARQUE. On ne peut coordonner que des éléments qui ont strictement la même fonction dans la phrase ; il est impossible, sauf si l'on veut créer un effet comique, de dire ou d'écrire :

Il joue avec son père et sa nouvelle raquette.

Cette phrase est difficilement acceptable bien que *son père* et *sa nouvelle raquette* soient tous les deux des groupes nominaux dont la fonction de complément circonstanciel (CC) est marquée par *avec*.
Le sens de la fonction de *son père* est de marquer l'accompagnement alors que le sens de la fonction de *sa nouvelle raquette* est d'indiquer l'instrument qui est utilisé pour jouer. On ne peut donc coordonner ces deux éléments ; on devra dire :

Pause

Il joue avec son père, avec sa nouvelle raquette.
      CC acc   CC instrument

B *Subordination*

B1 La subordination est la relation qui existe entre des mots ou groupes de mots dont l'un constitue le noyau et l'autre l'élément qui complète ce noyau :

J'ai enfin vu la fille **du** notaire.

B2 L'élément subordonné n'existe que parce qu'il complète l'élément noyau. Il est donc évident que l'on ne peut supprimer l'élément noyau sans supprimer du même coup l'élément subordonné. Dans la phrase suivante :

Il a racheté la voiture **de** Jacques.

on peut supprimer l'élément subordonné :

Il a racheté la voiture.

Mais on ne peut supprimer le noyau :

★ Il a racheté de Jacques.

REMARQUE. A l'intérieur d'une même phrase, on peut utiliser de façon équivalente les termes **subordination** et **détermination :** dans l'exemple précédent, on dira que *Jacques* détermine *la voiture* ou que *Jacques* est subordonné à *la voiture,* ou enfin que *Jacques* complète *la voiture.*

B3 Le rapport de subordination peut exister entre des mots ou groupes de mots de même nature ou de natures différentes ; il peut être marqué par une préposition ou non marqué :

Elle portait une robe **à** fleurs.

Elle portait une robe rouge.

> REMARQUE. Les **prépositions** sont utilisées pour marquer un rapport de subordination entre des éléments de même nature (nom subordonné à un nom), alors que la subordination entre des éléments de natures différentes (adjectif subordonné à un nom...) n'appelle pas l'utilisation d'une préposition.

C | *Visualisation des rapports de coordination et de subordination*

a. *Représentation en cercles concentriques*

Elle permet de représenter la différence de niveau qui existe entre des éléments qui sont en relation de subordination et de se rendre compte, qu'à l'opposé, les éléments en rapport de coordination sont à des niveaux identiques :

Ils habitaient une maison immense **et** moderne.

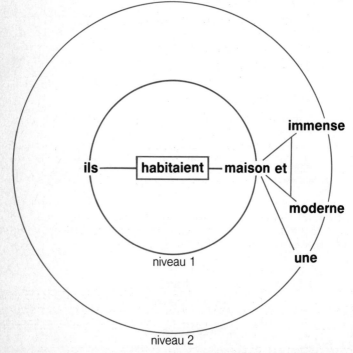

Immense et *moderne* sont coordonnés, et placés tous les deux au niveau 2. Ces deux éléments sont subordonnés à *maison* qui se trouve au niveau 1.

L'homme alla chercher sa femme **et** les enfants **de** Pierre.

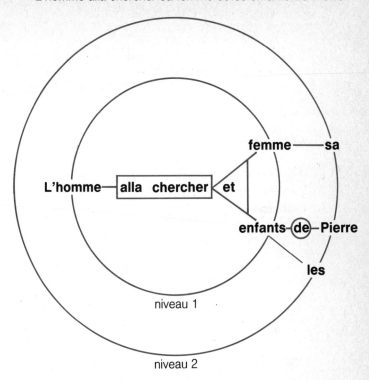

Femme et *enfants,* éléments coordonnés, sont tous les deux au niveau 1.
Pierre appartient au niveau 2 ; *L'homme* est subordonné à *enfants* qui appartient au niveau 1.
Sa appartient au niveau 2 ; *L'homme* est subordonné à *femme* qui est au niveau 1. *Les* est subordonné à *enfants.*

b. *Représentation par emboîtements successifs :*

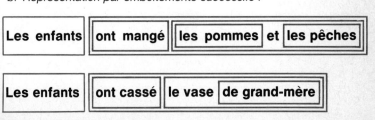

II COORDINATION ET SUBORDINATION ENTRE DES PROPOSITIONS DIFFÉRENTES

En règle générale, les mots qui servent à coordonner des propositions sont appelés **conjonctions de coordination ;** ceux qui servent à marquer un rapport de subordination, **conjonctions de subordination.**

A Subordination

Il a dit **que** Pierre l'avait injurié.

Cette phrase est constituée de deux propositions :
- *Il a dit :* principale
- *que Pierre l'avait injurié :* subordonnée.

Le rapport de subordination est marqué par la conjonction de subordination *que.*
On appelle *conjonctions de subordination* des mots comme : *quand, lorsque, bien que, alors que, pour que, afin que, parce que, comme, si,* etc.

B Coordination

Il avait vu Pierre **mais** il ne l'avait pas salué.

Cette phrase est constituée de deux propositions coordonnées :
- *Il avait vu Pierre*
- *il ne l'avait pas salué.*

Le rapport de coordination est marqué par la conjonction de coordination *mais.*
On classe sous la rubrique *conjonctions de coordination* des mots tels que : *et, ni, ou, mais, donc, car, or,* etc.

REMARQUE.
1. Parmi les conjonctions de coordination, seules **et, ou** et **ni** peuvent coordonner à la fois des mots et des propositions ; les autres coordonnent, dans la plupart des cas, des propositions entre elles.

2. On peut obtenir des phrases ayant un sens proche par des procédés différents :

Avec une conjonction de coordination

Il n'est pas venu **car** il était malade.

Les deux propositions sont reliées par *car,* conjonction de coordination ; la deuxième proposition présente la cause (la maladie) ; la première proposition présente l'effet (l'absence).

Avec une conjonction de subordination

Il n'est pas venu **parce qu'**il était malade.

Les deux propositions reliées par *parce que,* conjonction de subordination, entretiennent une relation du même type que dans l'exemple précédent : cause-effet.

Par simple juxtaposition

Il n'est pas venu**,** il était malade.

Il n'y a pas de mot de liaison, une pause sépare les deux propositions. La voix ne chute pas entre les propositions, ce qui signale qu'il faut établir un rapport entre elles. Le sens obtenu est très proche de celui des deux exemples précédents.

Nous aurions une situation très différente dans :

Je suis allé la voir la semaine dernière ; la maison était fermée.

La voix descend à la fin de la première proposition et remonte au début de la deuxième ; ceci indique qu'on ne doit pas établir de relation logique. On dira dans ce cas que l'on a affaire à deux **propositions indépendantes**.

LES DÉTERMINANTS

Ce qu'il faut savoir

● **Déterminant** est un terme nouveau. Il est utilisé actuellement dans toutes les grammaires.

● *Déterminant* (on dit parfois **déterminatif**) ne remplace aucun terme ancien ; il regroupe un ensemble de mots qui, à l'intérieur du groupe nominal, ont le même comportement.

● Les principaux déterminants sont :

- Les articles (voir pages 46 et suiv.)
- Les adjectifs possessifs
- Les adjectifs démonstratifs
- Les adjectifs numéraux   Adjectifs
- Les adjectifs indéfinis   non
- Les adjectifs interrogatifs   qualificatifs
- Les adjectifs exclamatifs

CARACTÈRES COMMUNS A TOUS LES DÉTERMINANTS

A | *Les déterminants ont un caractère obligatoire*

Dans le cadre du groupe nominal, le nom-noyau est toujours accompagné d'un déterminant. La suppression du déterminant rend la phrase grammaticalement incorrecte. On peut dire :

> Nos amis sont venus ; nous nous sommes promenés dans le jardin.

On ne peut pas dire :

> ★ X amis sont venus ; nous nous sommes promenés dans X jardin.

Dans certains cas, on peut rencontrer des phrases grammaticalement correctes dans lesquelles le nom n'est pas accompagné d'un déterminant. C'est le cas :

A1 Avec certains noms propres :

> Gaston a téléphoné.
>
> Paris est une ville extraordinaire.

A2 Avec certains noms communs,
dans des situations particulières.

C'est le cas :

- des étiquettes, pancartes :

> Sucre
> École

- des annonces :

> Vente publique
> Départ dans cinq minutes

- des titres (journaux, romans, œuvres) :

> Menace de guerre en Asie
> Crime et châtiment
> Prélude

- des invocations :

> Oh soleil !
> Salut voisin !

A3   Avec certains groupes nominaux prépositionnels :

Il voyage en train.

Je l'ai rencontré par hasard.

Il mange avec plaisir.

A4   Lorsque l'on désigne les composants d'un ensemble :

Femmes et enfants couraient sur le quai.

Il recevait parents et professeurs.

A5   Avec l'attribut du sujet :

Il est professeur au lycée.

A6   Avec une apposition :

Mon voisin, journaliste bien connu, m'a expliqué toute l'affaire.

A7   Avec des expressions figées :

Il ne rêvait que plaies et bosses.

Noblesse oblige.

Ils s'entendaient comme chien et chat.

REMARQUE. En raison de ce caractère largement obligatoire, le déterminant apparaît comme un constituant essentiel du groupe nominal ; pour souligner son absence exceptionnelle, certaines grammaires utilisent l'expression **déterminant zéro.** Dans

Pierre joue avec son chat.

on parlera de la présence d'un *déterminant zéro* devant le nom propre *Pierre*.

B   *Les déterminants sont toujours placés avant le nom*

Ils sont placés à gauche du nom dans un texte écrit, même s'il arrive qu'ils soient séparés du nom par un ou plusieurs mots :

mon ami - mon cher ami - mon très cher ami

Pour souligner le fait qu'il précède toujours le nom, certaines grammaires préfèrent dire **pré-déterminant** plutôt que *déterminant*.

C Les déterminants s'accordent avec le nom-noyau

Les déterminants portent la marque du genre et du nombre que le nom-noyau leur impose :

Le fauteuil - les fauteuils

masc.   masc.   masc.   masc.
sing.   sing.   pl.   pl.

Dans le cas où le nom a la même forme au masculin et au féminin, ou au singulier et au pluriel, la présence du déterminant permet de distinguer **le genre :**

un artiste - une artiste

mon libraire - ma libraire

ou **le nombre :**

le gaz - les gaz

ce bois - ces bois

REMARQUE. Cette distinction est particulièrement utile lorsque le changement de genre entraîne un changement de sens :

le voile de la mariée - la voile du bateau

Au pluriel, certaines formes de déterminants ne permettent pas de préciser le genre :

nos élèves (masculin ou féminin ?)

des journalistes (masculin ou féminin ?)

REMARQUE. Dans le cas où un mot peut être, avec la même orthographe, soit un nom soit un verbe, la présence du déterminant indique clairement qu'il s'agit d'un nom :

L'homme peuple la terre (verbe).
Le peuple est en fête (nom).

D Les déterminants sont des mots grammaticaux
(Voir page 166, B5)

Ils sont en nombre limité. On dit qu'ils forment un ensemble **fini** à l'inverse d'autres constituants du groupe nominal tels que les adjectifs qualificatifs, les compléments du nom, etc. Ils forment une même classe, celle des mots grammaticaux. On peut toujours remplacer un déterminant par un autre déterminant :

Un chat se promène.

Le chat se promène.

Ce chat se promène.

Mon chat se promène.

Quel chat se promène ?

Etc.

C'est parce qu'ils ont un comportement syntaxique identique qu'on a réuni tous ces mots dans un même ensemble : l'ensemble des déterminants.

II COMMENT CLASSER LES DÉTERMINANTS ?

Trois classements sont possibles, suivant que l'on a recours aux termes traditionnels, aux possibilités de combinaison ou à l'opposition défini / indéfini.

A Classement traditionnel

On distingue d'une part les **articles** (définis, indéfinis, contractés, partitifs) et d'autre part les **adjectifs non-qualificatifs** (possessifs, démonstratifs, numéraux, etc.).

REMARQUE. Dans cette terminologie traditionnelle, le même mot **adjectif** désigne aussi bien des déterminants que l'adjectif qualificatif. Ils ont cependant un comportement syntaxique différent. Adjectifs qualificatifs et non-qualificatifs n'ont en commun que le fait de s'accorder avec le nom et de le déterminer. Autrement, les adjectifs non-qualificatifs ont le même comportement que les articles : ce sont des déterminants. Leurs caractères principaux, et notamment la fonction qu'ils occupent par rapport aux noms, les distinguent nettement des adjectifs qualificatifs. En raison de ces différences, les nouvelles grammaires préfèrent parler de *déterminants* plutôt que d'*adjectif non-qualificatif* et, par exemple, de *déterminant possessif* plutôt que d'*adjectif possessif*.

A1   Les adjectifs possessifs

a. L'adjectif possessif apporte trois informations :

● de genre :

ma veste / mon manteau
fém.   masc.

● de nombre :

mes chemises
pl.

● de personne (information concernant le possesseur) :

Votre travail mérite tous nos compliments.
2ᵉ pl.   1ᵉ pl.

Il s'établit ainsi une relation entre ce qui est possédé et
- celui (ou ceux) qui parle(nt) : *mon* chien, *notre* chien ;
- celui (ceux) à qui l'on parle : *ton* chien, *votre* chien ;
- celui (ceux) dont on parle : *son* chien, *leur* chien.

REMARQUE. L'adjectif possessif est le seul déterminant à porter une marque de personne qui se combine avec celles du genre et du nombre.

		POSSÉDÉ		
		singulier		pluriel
		masculin	féminin	masculin / féminin
POSSESSEUR	**singulier**	mon ton son	ma ta sa	mes tes ses
	pluriel	notre votre leur		nos vos leurs

REMARQUE. La distinction de genre ne peut se faire que si possesseur et possédé sont au singulier.

Devant un mot féminin commençant par une voyelle ou un h muet, on utilise *mon, ton, son* au féminin :

sa belle histoire - son histoire

REMARQUE.

1. L'adjectif possessif indique très souvent un lien social (parenté, rapport professionnel, utilisation, etc.) :

mon père - mes voisins - ma secrétaire

Les ouvriers occupent leur usine.

J'ai perdu mon chemin.

2. L'adjectif peut s'utiliser également, dans certains cas, à la première personne, lorsque l'on s'adresse à un supérieur :

mon général

Cet usage du possessif comme marque de respect persiste à l'intérieur de mots comme :

Monsieur, Madame, Mademoiselle, Monseigneur, etc.

3. Dans le cas où la possession (l'appartenance) est évidente, comme pour les parties du corps, l'usage veut que l'on n'utilise pas l'adjectif possessif si la personne est déjà clairement exprimée :

J'ai mal au ventre.
* J'ai mal à mon ventre.

b. **Leur/Leurs**

● Il faut distinguer **leur** pronom personnel (pluriel de *lui*) et **leur(s)** adjectif possessif (pluriel de *son, sa, ses*).
Leur pronom personnel est invariable.
Leur adjectif possessif s'accorde avec le nom désignant l'objet possédé :

S'ils se tiennent bien, on leur donnera une récompense.

pron. pers. invariable

Les arbres ont perdu toutes leurs feuilles en une nuit.

adj. poss.

● Lorsque l'on a affaire à *leur(s)* adjectif possessif, trois cas peuvent se présenter :

1. Il n'y a qu'un objet possédé pour l'ensemble des possesseurs. On utilise le singulier *leur* :

Les Durand ont marié leur fille unique.

2. Il y a plusieurs objets possédés par possesseur. On utilise le pluriel *leurs* :

> Ils ont mis leurs bottes.

3. Lorsque l'on peut penser qu'il y a un objet possédé pour chaque possesseur, on utilise plutôt le singulier :

> Ils sont venus avec leur femme.
>
> Ils ont mis leur chapeau.

Dans de tels cas, on peut cependant trouver *leur* au pluriel :

> Ils sont venus avec leurs femmes.

A2 Les adjectifs démonstratifs

a. Les différentes formes d'adjectifs démonstratifs

	masculin	féminin
singulier	ce	cette
pluriel	ces	ces

REMARQUE. Au pluriel, le féminin ne se distingue pas du masculin :

> ces fauteuils (masc.) / ces chaises (fém.)

Au masculin singulier, devant un mot commençant par une voyelle ou un h muet, **ce** est remplacé par **cet** :

> ce chien / cet énorme chien

REMARQUE. Il existe des formes renforcées de l'adjectif démonstratif :

> ce livre-ci / ce livre-là
>
> cette chemise-ci / cette chemise-là

En ajoutant **-ci** ou **-là,** on peut, surtout en situation, souligner la proximité ou l'éloignement de ce dont on parle :

> Il dort dans cette maison-ci mais il prend ses repas dans cette maison-là. (ici et là-bas)

Mais ces formes renforcées sont utilisées le plus souvent pour donner une symétrie à la phrase :

> Je prendrai ce gâteau-ci et cette tarte-là.

b. Des confusions à ne pas faire

● *cet* et *cette*

Ces deux formes de l'adjectif démonstratif sont homophones : elle se prononcent de la même façon. **Cet** est masculin ; **cette** est féminin. Pour bien les orthographier, il faut connaître le genre du nom-noyau :

cette table (fém.) / cet homme (masc.)

Il est parfois pratique d'intercaler un adjectif qualificatif commençant par une consonne, tel que *petit/petite,* de manière à redonner au démonstratif une forme nettement différenciée à l'oreille et à repérer le masculin et le féminin :

cet individu ce petit individu	ce → cet
cette hirondelle cette petite hirondelle	cette → cette

● *ces* et *ses.*

Ces, adjectif démonstratif pluriel, et *ses,* adjectif possessif pluriel, se prononcent de manière identique : ils sont homophones. Pour les écrire correctement, il est pratique de mettre la phrase au singulier :

Chaque année, il revend	ses livres. son livre.
Où peut-on acheter	ces livres ? ce livre ?

A3 Les adjectifs indéfinis

Les adjectifs indéfinis se différencient des autres adjectifs non-qualificatifs par leur nombre, plus élevé, et par la difficulté que l'on rencontre à en dresser une liste complète. Ils forment un ensemble peu organisé dans lequel plusieurs classements sont possibles. Cet ensemble comprend :

● des mots : *certain, quelque, aucun, nul, chaque, différents, plusieurs, tout, tel,* etc.

● des locutions : *n'importe quel, beaucoup de, bien des,* etc..

a. Accord des adjectifs indéfinis

Les adjectifs indéfinis s'accordent en genre avec le nom-noyau :

> Tel père, tel fils ; telle mère, telle fille.
>
> L'enquête n'a donné aucun résultat.

Certains d'entre eux : *chaque, plusieurs, quelque, même, autre,* ont la même forme au masculin et au féminin :

> Ils ont ramené plusieurs brochets et plusieurs truites.

En ce qui concerne l'accord en nombre, on peut distinguer trois types d'adjectifs indéfinis :

1. Les adjectifs qui s'accordent en nombre avec le nom-noyau : *certain, n'importe quel, tout, tel, même, quelque, autre.*

> Tous les hommes sont mortels.
>
> Dans certaines circonstances de telles accusations pourraient avoir de graves conséquences.
>
> Il avait les mêmes chaussures et la même montre que son voisin.

2. Les adjectifs qui n'ont qu'une forme, le singulier : *aucun, nul, chaque, pas un, plus d'un.*

> Le maître corrigeait le cahier de chaque élève.

REMARQUE. *Aucun, pas un,* et *nul* s'accompagnent toujours de la négation *ne* :

> Il n'y avait aucune voile à l'horizon.

3. Les adjectifs qui n'ont qu'une forme, le pluriel : *différents, divers, plusieurs.*

> Il avait rencontré différentes personnes, sans succès.
>
> Il a goûté plusieurs vins avant de se décider.

REMARQUE. Les adjectifs de quantité suivis de la préposition *de (assez de...)* sont invariables.

> Il avait beaucoup de chevaux.

b. Quelque / quel que

Il ne faut pas confondre **quelque** adjectif indéfini, qui ne varie pas en genre, et **quel... que** adjectif interrogatif, qui précède un verbe au subjonctif :

Quelle que soit ta décision, je partirai.

fém. sing.

Quel que soit ton choix je partirai. (adj. int.)

masc. sing.

Quelque décision que tu prennes, je partirai.

Quelque choix que tu fasses, je partirai. (adj. ind.)

A4 Les adjectifs numéraux

● Les adjectifs numéraux **ordinaux** (premier, deuxième, etc.) se combinent obligatoirement avec un autre déterminant :

Elle a eu un troisième enfant.

★ Elle a eu X̄ troisième enfant.

Ils s'accordent en genre et en nombre avec le nom qu'ils accompagnent.

● Les adjectifs numéraux **cardinaux** ont un comportement plus semblable aux autres déterminants.
Ce sont des mots grammaticaux. Ils forment un ensemble illimité, mais ils sont tous construits à partir d'une liste limitée *(un, deux, trois... vingt, trente... soixante, cent, mille)*. Les formes simples des adjectifs numéraux peuvent se combiner et donner des formes composées par :

- juxtaposition (addition) : *quarante-sept, cent six...*
- juxtaposition (multiplication) : *quatre-vingts, trois cents...*
- coordination : *quarante et un...*

Plusieurs de ces procédés peuvent être utilisés pour former un même adjectif numéral cardinal :

quatre-vingt-douze, deux cent soixante et un.

⚠ Le trait d'union n'est utilisé qu'entre les éléments qui représentent les dizaines et les unités :

mille neuf cent quatre-vingt-trois.

a. Les différents emplois des adjectifs numéraux cardinaux

En dehors de leur emploi le plus courant, celui de déterminant du nom, les adjectifs numéraux cardinaux peuvent se comporter comme des noms :

> Tous les trois sont arrivés.
>
> Il a eu un quinze en histoire.

Ils peuvent se comporter comme des ordinaux lorsqu'ils indiquent un rang dans une série :

> page quatorze, chapitre cinq.
>
> Louis quatorze (= Louis le quatorzième).
>
> l'an mille huit cent dix.

REMARQUE. Contrairement à la règle générale (le déterminant se place avant le nom), l'adjectif numéral cardinal se trouve ici placé après le nom.

b. Accord de l'adjectif numéral cardinal

L'adjectif numéral cardinal ne s'accorde pas en genre, sauf dans le cas de **un/une :**

> vingt et un garçons / vingt et une filles
>
> les mille et une nuits.

L'adjectif numéral ne s'accorde pas en nombre. Seuls **vingt** et **cent** prennent un **s** lorsqu'ils sont **multipliés** et non suivis par un autre nombre :

> quatre-vingt**s** - quatre-vingt-trois
> six cent**s** - six cent trois.

Dans les dates, *vingt* et *cent* ne prennent pas les marques du pluriel :

> mille neuf cent - mille neuf cent vingt.

Mille est invariable et peut s'écrire **mil** dans les dates :

> l'an deux mille
> mil neuf cent vingt.

A5 Les adjectifs exclamatifs et interrogatifs

Quel, quelle, quels, quelles sont des déterminants. Ils s'accordent en genre et en nombre avec le nom-noyau.

A l'oral, suivant l'intonation utilisée, la même série (*quel, quelle,* etc.) peut servir soit à interroger, soit à manifester la surprise, l'admiration, l'indignation. A l'écrit, la présence en fin de phrase d'un point d'interrogation ou d'exclamation est parfois nécessaire pour distinguer les adjectifs interrogatifs des adjectifs exclamatifs :

> Quel voleur ! - Quel voleur ?
>
> Quelle journée ! - Quelle journée ?

Dans certains cas, une inversion du sujet ou une tournure indirecte peuvent marquer l'interrogation et permettre ainsi de reconnaître l'adjectif interrogatif :

> Quelle heure est-il ?
>
> Par quelle rue est-il passé ?
>
> Je ne sais pas quelle vie il a mené là-bas.

B *Classement d'après les possibilités de combinaison*

On distingue deux ensembles de déterminants :

1. Les articles, les adjectifs possessifs, les adjectifs démonstratifs.

2. Les adjectifs indéfinis, numéraux cardinaux, interrogatifs, exclamatifs.

Les déterminants d'une même série ne peuvent être combinés ensemble :

On peut dire : un tapis / mon tapis
1   1

mais on ne peut dire : ⋆ un mon tapis.

On peut dire : certains livres / trois livres.
2   2

mais on ne peut dire : ⋆ certains trois livres.

En revanche, les déterminants de chacune des deux catégories peuvent se combiner entre eux :

les quelques fruits de mon jardin
‾‾‾ ‾‾‾‾‾‾‾
1   2

mes deux amis
‾‾‾ ‾‾‾‾
1   2

ce même jour
‾‾ ‾‾‾‾
1   2

REMARQUE. Dans ce type de combinaison, on peut parfois rencontrer plusieurs déterminants de la catégorie 2, mais jamais plus d'un seul de la catégorie 1. On remarque que ce dernier est toujours en première position, sauf avec **tous :**

les trois mêmes garçons
‾‾‾ ‾‾‾‾ ‾‾‾‾‾
1   2   2

tous les cinq jours
‾‾‾‾ ‾‾‾ ‾‾‾‾
2   1   2

Il faut considérer à part le cas de l'adjectif indéfini **autre** qui ne s'utilise pas seul (sauf dans des expressions telles que *autre chose, autre part...*) et peut se combiner largement avec les autres déterminants de sa catégorie ;

plusieurs autres enfants - aucun autre enfant, etc.
‾‾‾‾‾‾‾ ‾‾‾‾‾   ‾‾‾‾ ‾‾‾‾

c | *Classement selon l'opposition défini / indéfini*

En se fondant sur cette opposition de sens, on peut classer les déterminants en deux catégories.

C1   Les déterminants définis

On regroupe ici les déterminants que l'on utilise pour accompagner un nom désignant ce qui est bien connu ou ce dont on a déjà parlé :

● Les articles définis *le, la, les* sont utilisés lorsque l'identité de ce qui est désigné par le nom est sans ambiguïté :

Le papier coûte cher.
‾‾

Le soleil brille toute l'année là-bas.
‾‾

● Les adjectifs démonstratifs *ce, cette, ces* sont utilisés souvent en situation, lorsque l'on montre l'objet en question :

> Ne prends pas ce chemin, prends l'autre, tu arriveras plus vite.

Ou lorsque l'on cite à nouveau ce dont on a déjà parlé :

> Il y avait une voiture arrêtée dans la rue et cette voiture n'était pas éclairée.

● Les adjectifs possessifs *mon, ton, son,* etc. indiquent, outre un rapport de possession, quelque chose de précis, de défini :

> Mon vélo a dix vitesses, ton vélo n'en a que trois.

● Les adjectifs exclamatifs *quel, quelle,* etc., peuvent se rattacher à cette catégorie. Dans :

> Quelle aventure !

On fait référence à une aventure connue.

C2   Les déterminants indéfinis

On regroupe ici les déterminants que l'on utilise devant un nom désignant ce dont on ne précise pas l'identité ou ce dont on parle pour la première fois.

● Les articles indéfinis *un, une, des* :

> Je veux une bouteille.

● Les adjectifs indéfinis *tout, chaque, aucun,* etc. :

> Je veux quelques bouteilles.
> Je ne veux aucune bouteille.

● Les articles partitifs *du, de la* désignent une quantité indéfinie :

> Il a mangé du fromage.

● Les adjectifs numéraux ne précisent pas l'identité de ce dont on parle :

> Le directeur a convoqué trois élèves.

REMARQUE. Si on veut préciser l'identité de ce dont on parle, il faut combiner l'adjectif numéral à un déterminant défini :

> Le directeur a convoqué ces trois élèves.
> Le directeur a convoqué les trois élèves qui...

LES GROUPES

Ce qu'il faut savoir

● Les grammaires utilisent de manière assez semblable les termes de **groupe** et de **syntagme.** Ces deux termes désignent un ensemble de mots qui sont tous en relation avec un même élément appelé **noyau** ou **chef de groupe.**

● On distinguera les groupes de deux façons différentes :

- soit par la nature du noyau ou du chef de groupe : on distinguera ainsi le **groupe nominal** et le **groupe verbal :**

     <u>La voiture de Madame</u> <u>est avancée</u> ;

       Groupe nominal (GN)   **Groupe verbal (GV)**

- soit par la fonction occupée par le noyau, et on différenciera ainsi les groupes sujet, objet, circonstanciel, etc. ; on appellera ces groupes : **groupes fonctionnels :**

     <u>Sur la table de marbre</u> <u>la petite fille</u> avait déposé <u>un</u>

       Groupe circonstanciel   **Groupe sujet**

     <u>bouquet de lilas</u>.

       Groupe objet

LA DISTINCTION ENTRE GROUPE (OU SYNTAGME) VERBAL ET GROUPE (OU SYNTAGME) NOMINAL

A *Groupe nominal / Groupe verbal*

Une phrase peut s'analyser en deux parties : le groupe (ou syntagme) nominal et le groupe (ou syntagme) verbal.

Ainsi, la phrase :

> Un gros poulet lui suffit à peine pour son dîner.

se décompose en :

- *Un gros poulet :* groupe nominal, organisé autour du nom *poulet.*
- *lui suffit à peine pour son dîner :* groupe verbal, organisé autour du verbe *suffire.*

On écrira donc :

> P (phrase) → GN (groupe nominal) + GV (groupe verbal)

La représentation en arbre permet de schématiser cette analyse :

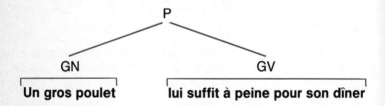

La représentation par emboîtements successifs peut également rendre compte de cette analyse :

Un gros poulet	lui suffit à peine pour son dîner

REMARQUE. On notera que l'analyse de la phrase en deux groupes (GN et GV) est proche de celle obtenue en posant les deux questions suivantes :
- De quoi parle-t-on ? : d'*un gros poulet.*
- Qu'en dit-on ? : qu'il *lui suffit à peine pour son dîner.*

On appellera le groupe qui désigne ce dont on parle le **sujet** ou le **thème** et le groupe qui permet de dire quelque chose du sujet (ou du thème) le **prédicat** ou le **propos**.

B | *Groupe verbal*

Le groupe verbal s'analyse lui-même en plusieurs groupes.

B1   Examinons l'exemple suivant :

Cécile saisit sa main.

Cette phrase se décompose en :
- *Cécile :* groupe nominal
- *saisit sa main :* groupe verbal.

Le groupe verbal s'analyse à son tour en :
- *saisit :* verbe
- *sa main :* groupe nominal.

La représentation en arbre reflète cette analyse :

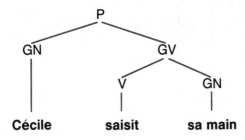

On voit donc apparaître un nouveau groupe nominal à l'intérieur du groupe verbal.
Afin que l'on ne fasse pas de confusion entre les groupes nominaux, certaines grammaires tentent de les différencier :
- soit en utilisant le terme de *sujet* pour le premier groupe nominal : *Cécile* sera appelé *groupe nominal sujet :* GNS ;
- soit en numérotant les groupes nominaux : GN_1 pour *Cécile,* GN_2 pour *sa main.*

B2   Analysons la phrase suivante :

La pauvre femme dut présenter des excuses à son patron.

Elle se découpe en deux groupes :
- *La pauvre femme :* groupe nominal (sujet ou 1)
- *dut présenter des excuses à son patron :* groupe verbal.

Le groupe verbal s'analyse lui-même en trois éléments :
- *dut présenter* : verbe
- *des excuses* : groupe nominal complément d'objet direct
- *à son patron* : groupe nominal prépositionnel appelé ainsi parce qu'il comporte la préposition *à*.

On écrira donc :

GV → V + GN + GN prép.

La représentation en arbre permet de montrer l'articulation des différents groupes :

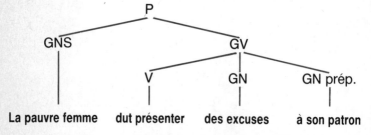

La représentation par emboîtements successifs reflète aussi cette analyse :

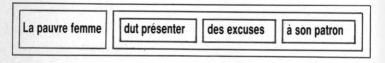

II L'ANALYSE DE LA PHRASE EN GROUPES FONCTIONNELS

Autour du noyau verbal, la phrase s'organise en groupes de mots qui sont chacun reliés au centre verbal et qui ont chacun une **fonction** déterminée.

A *Analysons la phrase suivante :*

Cette remarque injuste amena l'homme au bord de l'hystérie.

Le noyau verbal est *amena* (il est distingué par la marque **-a** du passé simple). Autour de ce noyau nous distinguons trois groupes fonctionnels :

1. **Le groupe fonctionnel sujet** : *Cette remarque injuste.* Ce groupe est composé d'un nom : *remarque,* que complètent un déterminant, *cette* (adjectif démonstratif), et un adjectif qualificatif, *injuste.* La fonction du groupe est marquée par sa position avant le verbe.

2. **Le groupe fonctionnel complément d'objet direct :** *l'homme.* Ce groupe est composé du nom *homme* que complète le déterminant *l'* (article défini). La fonction du groupe est marquée par sa position après le verbe.

3. **Le groupe fonctionnel complément circonstanciel :** *au bord de l'hystérie.* Ce groupe est relié au verbe par la préposition *au bord de* ; il est composé d'un nom, *hystérie,* que complète le déterminant *l'* (article défini).

Nous constatons que chacun des trois groupes fonctionnels remplit par rapport au noyau verbal une fonction particulière. A l'intérieur de chacun des groupes nous observons un nom, relié directement au verbe, que complètent des déterminants (articles, adjectifs, non qualificatifs), des adjectifs qualificatifs ou des noms compléments de nom.

La représentation en cercles concentriques permet de schématiser cette organisation :

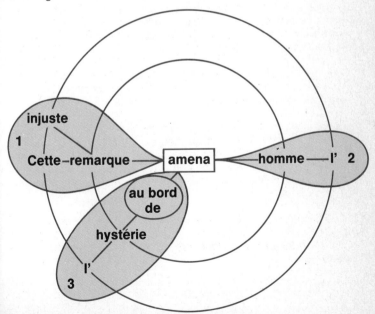

B *Analysons une autre phrase plus complexe :*

Depuis des heures, dans le creux d'un rocher, le pauvre homme épuisé attendait avec résignation un secours de plus en plus hypothétique.

La phrase s'organise autour du noyau verbal, *attendait,* qui porte la marque **-ait** de l'imparfait.

Autour du noyau verbal, nous distinguons cinq groupes fonctionnels :

1. *Depuis des heures :* groupe fonctionnel complément circonstanciel de temps ; sa fonction est marquée par la préposition *depuis.* Il est composé d'un nom *heures* et d'un déterminant *des* (article indéfini pluriel).

2. *Dans le creux d'un rocher :* groupe fonctionnel complément circonstanciel de lieu ; sa fonction est marquée par la préposition *dans.* Il est composé du nom *creux* que complètent un autre nom *rocher* (complément de nom) et un déterminant *le* (article défini). Le nom *rocher* est lui-même déterminé par l'article indéfini *un.*

3. *Le pauvre homme épuisé :* groupe fonctionnel sujet. Sa fonction est marquée par sa position avant le verbe. Le groupe se compose du nom *homme* que complètent deux adjectifs qualificatifs : *pauvre* et *épuisé* ainsi qu'un déterminant *le.*

4. *Avec résignation :* groupe fonctionnel complément circonstanciel de manière. Sa fonction est marquée par la préposition *avec.* Ce groupe est composé de la préposition *avec* et du nom *résignation.*

5. *Un secours de plus en plus hypothétique :* groupe fonctionnel complément d'objet direct. Sa fonction est marquée par sa position après le verbe *attendait.* Ce groupe est composé du nom *secours* qui est déterminé par l'article *un,* complété par l'adjectif qualificatif *hypothétique* lui-même déterminé par la locution adverbiale *de plus en plus.*

La représentation en cercles concentriques montre que chacun des cinq groupes se rattache au noyau verbal d'une façon qui lui est propre. A l'intérieur de chaque groupe, on observe le degré des relations :

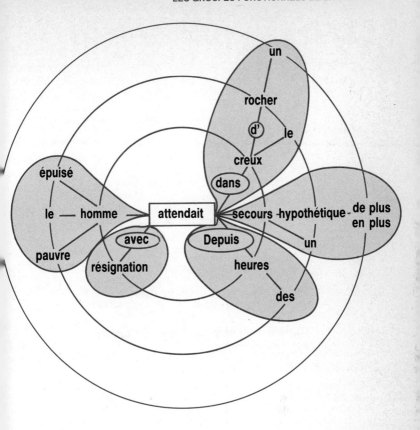

LE GROUPE NOMINAL

Ce qu'il faut savoir

● La plupart du temps, le groupe nominal (GN) est présenté en tant que groupe nominal sujet : GNS ou GNI.

En effet, dans une première analyse de la phrase, on peut distinguer le groupe nominal sujet et le groupe verbal :

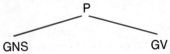

P

GNS   GV

Le cerisier du jardin   n'a pas fleuri cette année.

● Un groupe nominal peut remplir d'autres fonctions que celle du sujet ; il peut être complément d'objet, complément circonstanciel, complément du nom, etc. :

La foule s'entasse sur le quai.

               CC

Les feuilles des arbres commencent à jaunir.

    compl. du nom

● On parle de *groupe nominal,* même si parfois le « groupe » ne comporte qu'un seul mot :

Le fils de mon frère est arrivé.

Pierre est arrivé.

COMMENT EST CONSTITUÉ LE GROUPE NOMINAL ?

A | *Le noyau nominal*

Le groupe nominal comporte toujours un nom appelé **noyau** ou **chef de groupe** ou **mot-support.**
Ce nom est indispensable, on ne peut jamais le supprimer :

> Le soleil pâle descend sur la mer.
> ‾‾‾‾‾‾‾‾‾‾
> **GN**

> ⋆ Le X pâle descend sur la mer.

Parfois un nom peut, à lui tout seul, constituer le groupe nominal. C'est le cas en particulier de certains noms propres :

> Pierre nage sur le dos.

La plupart du temps, le nom est accompagné d'autres mots qui sont appelés **constituants du groupe nominal** ou encore **compléments de nom.** Ces autres mots qui constituent le groupe nominal sont, soit obligatoires, soit facultatifs. Ils précisent ou restreignent le sens du nom.

B | *Les constituants obligatoires*

Les grammaires nouvelles les appellent **déterminants** ou *déterminatifs* (voir pages 126 et suiv.). On regroupe sous ce terme ce que traditionnellement on nomme *articles* et *adjectifs non qualificatifs* (possessifs, démonstratifs, etc.).
Les constituants obligatoires du groupe nominal (les déterminants) présentent les caractères communs suivants :
a. On ne peut les supprimer sans rendre la phrase grammaticalement incorrecte.
b. Ils s'accordent avec le nom.
c. Ils appartiennent à des ensembles fermés. Ce sont des mots grammaticaux (voir *Mots grammaticaux / Mots lexicaux,* page 164 l)

[C] *Les constituants non obligatoires*

Ils sont de trois types :

● Les adjectifs qualificatifs épithètes ou mis en apposition (voir pages 18 et 22) :

> Le chien <u>jaune</u> a aboyé toute la nuit.

● Les compléments du nom (ou compléments déterminatifs). Ce sont des groupes nominaux prépositionnels (voir page 71, C) :

> Le chien <u>du voisin</u> a aboyé toute la nuit.

● Les propositions subordonnées relatives (voir page 219, A) :

> Le chien <u>qui est malade</u> a aboyé toute la nuit.

Certaines grammaires font entrer dans cette catégorie le nom mis en apposition :

> Mon ami, <u>un berger</u>, m'a tout raconté.

Ces constituants non obligatoires présentent les caractères suivants :

a. Ils sont facultatifs : on peut les supprimer. La phrase est moins riche mais elle reste correcte :

> Le chien <u>du voisin</u> a aboyé toute la nuit.

> Le chien a aboyé toute la nuit.

b. Ils ne sont pas toujours placés avant le nom-noyau (contrairement aux déterminants).

● L'adjectif qualificatif peut généralement se trouver soit avant, soit après le nom :

> Il a mangé un <u>énorme</u> rôti.

> Il a mangé un rôti <u>énorme</u>.

● Le complément du nom est placé après le nom :

> Il porte une chemise <u>en nylon</u>.

● La proposition relative est également placée après le nom :

La pelouse que j'ai tondue ce matin est superbe.

c. Ils n'appartiennent jamais à des listes courtes (fermées). On ne peut dénombrer ni les adjectifs qualificatifs, ni les compléments du nom, ni les propositions subordonnées relatives : ce sont des constituants de type lexical et non grammatical (voir *Mots grammaticaux / Mots lexicaux,* page 164, B1).

d. En ce qui concerne l'accord, seul l'adjectif qualificatif s'accorde avec le nom-noyau. Le complément du nom et la proposition subordonnée relative ne s'accordent pas.

REMARQUE. Le caractère facultatif des expansions du groupe nominal et le caractère obligatoire des déterminants permettent d'envisager la notion de groupe nominal minimum à deux termes : déterminant + nom. Il peut même se réduire à un seul nom dans le cas d'un nom propre :

La grande table en bois de merisier est cassée.

La table est cassée.

Pierre est parti.

II QUELLES FONCTIONS PEUT ASSURER LE GROUPE NOMINAL ?

Le groupe nominal peut remplir toutes les fonctions qui se rattachent au verbe.
Il peut être sujet, complément d'objet direct ou indirect, complément d'objet second, complément circonstanciel, complément d'agent.

Le groupe nominal peut être complément d'un nom, lui-même noyau d'un autre groupe nominal :

Ils ont démoli la belle maison en briques.
  v

Le groupe nominal *en briques* est complément du nom-noyau *maison,* et le groupe nominal *la maison en briques* est complément du verbe *démolir.*

III TABLEAU D'ENSEMBLE DES CONSTITUANTS DU GROUPE NOMINAL

On peut regrouper tous les termes utilisés à propos du groupe nominal en un tableau, de manière à faire apparaître l'articulation entre termes anciens et termes nouveaux :

	GN	• groupe nominal • groupe du nom
	• les compléments du nom (tout ce qui accompagne le nom dans le groupe nominal) • les constituants du groupe nominal	

	MOTS GRAMMATICAUX	**MOTS LEXICAUX**
TERMES NOUVEAUX	• les déterminants • les déterminatifs	• les compléments déterminatifs • les constituants du groupe nominal • les expansions du groupe nominal • les groupes nominaux prépositionnels

NOM
noyau
mot-support
chef de groupe

	MOTS GRAMMATICAUX	**MOTS LEXICAUX**
TERMES TRADITIONNELS	• les articles • les adjectifs non qualificatifs • les adjectifs déterminatifs (possessifs, démonstratifs, indéfinis, numéraux, interrogatifs, exclamatifs)	• les adjectifs qualificatifs épithètes • les compléments du nom • les compléments de détermination • les noms compléments de nom • les propositions subordonnées relatives • les phrases relatives

CARACTÈRES COMMUNS	
- obligatoires (essentiels) - place fixe avant le nom - s'accordent avec le nom-noyau - appartiennent à des ensembles fermés (grammaticaux)	- facultatifs - pas de place fixe avant le nom - ne s'accordent pas avec le nom-noyau (sauf l'adjectif) - appartiennent à des ensembles ouverts (lexicaux)

Dans le tableau ci-dessus, les termes nouveaux ne remplacent pas les termes anciens, ils les regroupent.

1. Toutes les grammaires s'accordent pour regrouper en deux grandes catégories les différents mots qui constituent le groupe nominal :
a. les déterminants : constituants obligatoires,
b. les autres mots : constituants facultatifs,
et pour souligner les caractères communs aux éléments de chacune de ces catégories.

2. Étant donné que l'on se trouve en présence d'une abondance de termes différents désignant les mêmes réalités grammaticales (plusieurs termes par case), on pourrait choisir pour chaque cas un terme unique, évitant ainsi toute ambiguïté :
- *déterminant* est plus utilisé que *déterminatif* ;
- *complément du nom* pourrait être réservé au traditionnel complément de nom ;
- *constituant du groupe nominal* pourrait être réservé pour désigner l'ensemble des mots qui accompagnent obligatoirement le nom dans le groupe nominal. On utiliserait alors le terme *expansion du groupe nominal* pour nommer les constituants facultatifs.
On peut alors construire le même tableau avec des termes mieux adaptés et ne faisant pas double emploi (un seul terme par case).

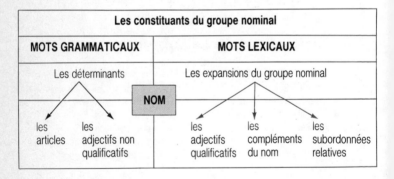

Les constituants du groupe nominal	
MOTS GRAMMATICAUX	**MOTS LEXICAUX**
Les déterminants	Les expansions du groupe nominal
NOM	
les articles — les adjectifs non qualificatifs	les adjectifs qualificatifs — les compléments du nom — les subordonnées relatives

LA MISE EN RELIEF

Ce qu'il faut savoir

● **La mise en relief** est aussi appelée **emphase :** mettre en relief un élément d'une phrase ou mettre l'emphase sur un élément d'une phrase consiste à le présenter d'une façon particulière et inattendue.

● On peut mettre en relief dans une phrase : un mot lexical (voir pages 167, II), un groupe de mots, une proposition, quelle que soit la fonction qu'ils occupent.

● La mise en relief d'un élément d'une phrase sera toujours effectuée de façon à ce que l'indication de sa fonction apparaisse clairement. Mettre en relief un élément, c'est donc indiquer l'intérêt particulier qu'on lui porte tant du point de vue de son sens que de celui de la fonction qu'il occupe dans la phrase.

● La mise en relief ou emphase peut être obtenue :

- par l'apparition d'un élément dans une **position** inhabituelle,
- en utilisant des **outils particuliers** de mise en relief,
- en reprenant l'élément mis en relief par un **pronom.**

MISE EN RELIEF PAR DÉPLACEMENT D'UN ÉLÉMENT DE LA PHRASE

A *Déplacement sans remplacement par un pronom*

Certains éléments de la phrase ont une place bien précise qui permet de connaître leur fonction (sujet, complément d'objet direct) ; d'autres ont une certaine liberté de déplacement (complément circonstanciel, propositions conjonctives, etc.). Un des procédés de mise en relief consiste à présenter un élément de la phrase **à une place où on ne l'attend pas ;** ce déplacement est bien sûr limité car il ne doit pas effacer l'indication de la fonction de l'élément déplacé.

A1 Déplacement du sujet

Je me promenais tranquille ; cette troupe hurlante arriva juste en face.

Je me promenais tranquille ; arriva juste en face cette troupe hurlante.

Le sujet du verbe *arriva, cette troupe hurlante,* est rejeté après le verbe en fin de phrase. Ce déplacement a pour effet de présenter l'action avant l'agent (celui qui fait l'action) et donc de créer un effet d'attente, d'interrogation sur l'identité de ce ou celui qui arrive.

REMARQUE.

De hautes statues se dressaient en haut de la colline.

En haut de la colline se dressaient de hautes statues.

Le sujet *de hautes statues* apparaît ici après le verbe *se dressaient.* Il semble que la présence du complément circonstanciel *en haut de la colline* en tête de la phrase (avant le verbe) rende plus facile l'inversion du sujet ; on peut penser que le complément circonstanciel comble le vide laissé par le sujet inversé. La phrase *se dressaient de hautes statues en haut de la colline* n'est pas équilibrée, pas acceptable telle quelle.

A2 Déplacement de l'attribut

Les gens qui voulaient le rencontrer étaient nombreux.

Nombreux étaient les gens qui voulaient le rencontrer.

L'adjectif *nombreux,* en fonction d'attribut du sujet *les gens,* se trouve placé avant l'élément verbal *étaient* et le sujet. Cette position en tête de la phrase souligne l'importance que celui qui parle (ou écrit) accorde à ce qualificatif.

A3   Le complément circonstanciel

> Le chat se tenait immobile, <u>tout en haut de l'arbre</u>.
>
> <u>Tout en haut de l'arbre</u>, le chat se tenait immobile.

Le complément circonstanciel *tout en haut de l'arbre* peut être déplacé dans la phrase sans que sa fonction s'en trouve changée. Sa position en tête de la phrase permet d'insister sur le lieu où se passe l'action.

A4   Les propositions subordonnées circonstancielles

> Il a quitté la réunion <u>parce qu'il était vexé</u>.
>
> <u>Parce qu'il était vexé</u>, il a quitté la réunion.

La circonstancielle de cause *parce qu'il était vexé* apparaît habituellement après la principale ; sa position en tête la met en évidence. On insiste sur la raison pour laquelle il a quitté la réunion.

> <u>Si j'avais su</u>, je serais venu.
>
> Je serais venu, <u>si j'avais su</u>.

La subordonnée de condition *si j'avais su* est normalement attendue avant la principale ; son placement en fin de phrase la met en relief.

REMARQUE. La mise en relief d'un élément de la phrase par simple déplacement est un procédé utilisé plus fréquemment dans un langage de registre assez soutenu. La mise en évidence de l'élément déplacé s'accompagne presque toujours d'une augmentation de la force de la voix, parfois aussi d'un détachement des syllabes. Ainsi, dans un style purement littéraire, on peut inverser la position du complément du nom :

> Il chérit la mémoire <u>de son père</u>.
>
> <u>De son père</u>, il chérit la mémoire.

B   *Déplacement avec remplacement par un pronom*

Ce procédé est très fréquemment utilisé notamment dans le langage oral. Il consiste à **détacher** un élément de la phrase que l'on place en tête ou en fin de phrase suivi ou précédé d'une pause, et à le remplacer par un **pronom** de même fonction.

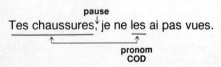

Le complément d'objet direct *tes chaussures* est placé en tête, détaché de la phrase par une pause et remplacé par le pronom personnel *les* complément d'objet direct du verbe *ai vues.*

pause

Je n'y ai pas touché, à ta montre.

COI

A ta montre est remplacé par le pronom personnel *y* dans la fonction de complément d'objet indirect ; placé en fin de phrase, il est précédé d'une pause.

pause

Elle est bien, ta chemise.

sujet

Ta chemise, placé en fin de phrase, est remplacé en fonction sujet par le pronom personnel *elle.*

pause

Dans cet hôtel, j'y ai jamais mis les pieds.

CC

Dans cet hôtel est remplacé par *y* pronom personnel complément circonstanciel de lieu du verbe *mettre les pieds.* Présenté en tête de phrase, détaché par une pause, il est aussi mis en évidence.

pause

Que vous ne vouliez pas le voir, je le comprends bien.

substitut   COD

La proposition complétive est remplacée par le pronom personnel *le* ; elle est présentée en tête de phrase et suivie d'une pause.

REMARQUE. **Pour** et **quant à** placés devant l'élément mis en relief renforcent l'effet d'emphase ; ainsi :

De l'audace, il en avait.
Pour de l'audace, il en avait.

Pierre, il s'en moque.
Quant à Pierre, il s'en moque.

Attention à l'orthographe de **quant à,** différente de celle de la conjonction de subordination **quand.**

II UTILISATION DE « C'EST… QUI », « C'EST… QUE » ENCADRANT L'ÉLÉMENT MIS EN RELIEF

L'utilisation d'une expression telle que *c'est… qui, c'est… que* (présentatif) permet de mettre en évidence, en tête de la phrase, n'importe quel élément (sauf le verbe) sans remplacer cet élément par un pronom personnel et en lui conservant sa fonction.

A Mise en évidence d'un élément en fonction de sujet

Le chien a volé le reste de gigot.

   sujet

      ━ présentatif ━

C'est | le chien | qui | a volé le reste de gigot.

      sujet

Lorsque l'élément mis en relief est en fonction de sujet, le présentatif est **c'est… qui.**

B Mise en évidence d'un élément en fonction de complément d'objet direct

Je préfère la petite maison.

        COD

   ━ présentatif COD ━

C'est | la petite maison | que | je préfère.

      COD

Lorsque l'élément sur lequel porte l'emphase est en fonction de complément d'objet direct, le présentatif qui l'encadre est **c'est… que.**

C Mise en évidence d'un élément en fonction de complément d'objet indirect ou second

J'ai parlé à Pierre.

      COI

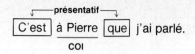

C'est à Pierre que j'ai parlé.

COI

J'ai remis le livre à ton copain.

COS

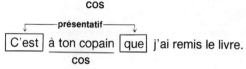

C'est à ton copain que j'ai remis le livre.

COS

Le présentatif est **c'est... que.**

REMARQUE. Le complément d'objet indirect mis en relief par le présentatif *c'est... que* conserve la préposition **à** qui indique sa fonction.

D Mise en évidence des compléments circonstanciels

J'ai toujours vécu dans cette maison.

CC de lieu

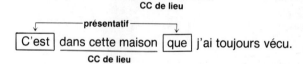

C'est dans cette maison que j'ai toujours vécu.

CC de lieu

On nous a cambriolés pendant la nuit.

CC de temps

C'est pendant la nuit qu' on nous a cambriolés.

CC de temps

Il l'a assommé avec ce marteau.

CC de moyen

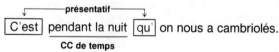

C'est avec ce marteau qu' il l'a assommé.

CC de moyen

Le présentatif est **c'est... que.**

REMARQUE. Le complément circonstanciel mis en relief par le présentatif *c'est.. que* conserve la préposition qui marque sa fonction.

161

III COMMENT UTILISER LA MISE EN RELIEF ?

A Le présentatif *c'est... qui* ou *c'est... que* peut porter des indications de temps : *c'était... qui* ou *que, ce sera... qui* ou *que, ce fut... qui* ou *que*, etc.

> J'achèterai cette voiture.
>
> Ce sera cette voiture que j'achèterai.
>
> C'est cette voiture que j'achèterai.

B Le présentatif peut varier en nombre selon que l'élément mis en relief est singulier ou pluriel.

> J'ai vu ces gens à la télévision.

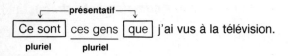

REMARQUE. On accepte aussi :

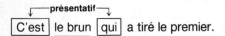

C La mise en relief d'un élément de la phrase par le présentatif *c'est... qui* ou *c'est... que* peut avoir deux valeurs sensiblement différentes :

Dans cette phrase, l'utilisation de *c'est... qui* veut dire : *c'est le brun, pas le blond* qui a tiré ; on insiste donc sur l'identité de celui qui fait l'action.

> C'est l'homme qui a tiré.

Dans ce cas, on veut dire que la personne que l'on désigne est celle qui a tiré et pas une autre (= *voilà l'homme qui a tiré*).

MOTS GRAMMATICAUX/ MOTS LEXICAUX

Ce qu'il faut savoir

Très peu de grammaires présentent la distinction entre les mots grammaticaux et les mots lexicaux. Pourtant, cette distinction se révèle souvent très utile ; elle permet de classer les mots du français en deux grands ensembles qui ont des caractéristiques très différentes.

● Les **mots grammaticaux** sont le plus souvent très courts ; ce sont les articles, les adjectifs non qualificatifs (possessifs, démonstratifs, etc.) et les prépositions.
Les **mots lexicaux** sont de longueur variable ; ce sont les noms, les adjectifs qualificatifs, les verbes, les adverbes.

● Les mots grammaticaux sont en petit nombre, les mots lexicaux sont en très grand nombre. On ne crée pratiquement jamais de mots grammaticaux alors que l'on fabrique souvent de nouveaux noms, de nouveaux verbes, de nouveaux adjectifs.

● Les mots grammaticaux ne peuvent être remplacés par un pronom, les mots lexicaux peuvent l'être. Les mots grammaticaux n'ont qu'une seule fonction, les mots lexicaux peuvent en assurer plusieurs.

| LES MOTS GRAMMATICAUX

A | *Qu'appelle-t-on mots grammaticaux ?*

Les mots grammaticaux sont les **déterminants** (articles et adjectifs non qualificatifs), les **prépositions** et les **conjonctions de coordination et de subordination :**

> **Le** petit chien **de** Pierre rongeait **un** os **dans son** coin.

Le : article défini, déterminant de *chien* ;
de : préposition ;
un : article indéfini, déterminant de *os* ;
dans : préposition ;
son : adjectif possessif, déterminant de *coin.*

B | *Quelles sont leurs caractéristiques essentielles ?*

B1 | Ils sont en nombre limité

> L'enfant s'avançait **vers la** cabane.

On découvre dans cette phrase trois mots grammaticaux : l'article défini *l'*, la préposition *vers* et l'article défini *la*. On peut remplacer chacun d'entre eux par d'autres mots :
l' peut être remplacé par *cet, son, un, quelque*, etc.
la peut être remplacé par les mêmes mots sous leur forme féminine : *cette, sa, une, quelque*, etc.
vers peut être remplacé par *dans, en direction de, sur*, etc.
Dans chaque cas, les mots qui peuvent remplacer chacun des trois mots grammaticaux sont en nombre limité. En d'autres termes, si on appelle **paradigme** l'ensemble des mots qui peuvent remplacer un autre mot dans une phrase, on dira que les mots grammaticaux forment un **paradigme court.**

B2 | On crée très rarement de nouveaux mots grammaticaux

La liste des mots grammaticaux est courte et on l'allonge difficilement. Alors que l'on crée volontiers un nouveau nom ou un nouveau verbe lorsque le besoin s'en fait sentir, on hésiterait beaucoup à créer un nouvel article, un nouvel adjectif non qualificatif et même une nouvelle préposition. On dira que les mots grammaticaux sont **en inventaire fermé,** c'est-à-dire qu'ils constituent un stock de mots qui ne peut être aisément augmenté.

B3 Les mots grammaticaux sont fréquents et ont un sens peu précis

Les mots grammaticaux étant peu nombreux, le même mot grammatical peut être utilisé de façon très fréquente dans un texte, ou même dans une phrase :

> **Un** jour **vers** midi **sur la** plate-forme arrière **d'un** autobus à peu près complet **de la** ligne 5, j'aperçus **un** personnage **au** cou fort long qui portait **un** feutre mou entouré **d'un** galon tressé au lieu **d'un** ruban.

> Raymond Queneau, *Exercices de style,* Éd. Gallimard

Dans ce texte, on remarque que :

1. Les seuls mots qui sont utilisés plus d'une fois sont des mots grammaticaux : *un* (six fois), *de* (quatre fois), *la* (deux fois).

2. Le sens de ces mots grammaticaux d'usage fréquent est très large :

un peut signifier *une unité* (un et pas deux),
la non-précision (un quelconque), etc.

de est une préposition qui peut indiquer :
la possession (le chapeau **de** Pierre),
la matière (une table **de** bois),
la provenance (il sort **de** la cuisine),
etc.

Ces mots grammaticaux sont courts, ils dépassent rarement une syllabe.

REMARQUE. Il est intéressant de constater que plus un mot est fréquent, plus son sens est large et peu précis. Ceci tient au fait qu'il est utilisé dans un grand nombre de phrases différentes au sein desquelles les autres mots lui donnent un sens particulier. De même, on peut noter que plus un mot est fréquent et son sens variable, plus il est court. Ceci s'explique par le fait que celui qui parle « refuse » de faire un effort (d'utiliser un mot trop long) si ce mot n'apporte pas une information précise. Les mots grammaticaux sont à la fois **fréquents, peu précis** et **courts.** Ils constituent un excellent exemple de ce que l'on appelle **l'économie de la langue.**

B4   Les mots grammaticaux ne peuvent être remplacés par des pronoms

Il est évident que ni les déterminants, ni les prépositions ne peuvent être remplacés par des substituts.

B5   Les mots grammaticaux se distribuent en deux groupes

1. Ceux qui déterminent le nom : articles, adjectifs non qualificatifs ;

2. Ceux qui servent à mettre en relation les mots dans une phrase : les prépositions.

Analysons la phrase suivante :

> **Dans un** ciel **d'**azur, **les** petits nuages jouaient **à** chat perché **sur les** rayons **de** soleil.

Les mots grammaticaux qui déterminent des noms sont :
- *un* qui détermine *ciel,*
- *les* qui détermine *nuages,*
- *les* qui détermine *rayons.*

Les mots grammaticaux qui indiquent des relations entre les mots de la phrase sont :
- *dans* qui indique la fonction de *ciel* et le met en relation avec le verbe *jouaient,*
- *d'* qui établit la liaison entre *azur* et *ciel,*
- *à* qui indique la fonction de *chat perché* et le relie au verbe *jouaient,*
- *sur* qui marque la fonction de *rayons* et le rattache au verbe *jouaient,*
- *de* qui établit la relation entre *rayons* et *soleil.*

En utilisant la **représentation en cercles concentriques,** on aperçoit bien le rôle différent joué, d'une part, par les **prépositions** (qui apparaissent sur le « chemin » d'une relation) et, d'autre part, par les **déterminants** (qui apparaissent sur un autre cercle que le nom qu'ils déterminent).

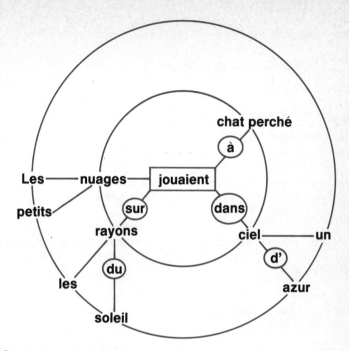

II LES MOTS LEXICAUX

A *Qu'appelle-t-on mots lexicaux ?*

Les mots lexicaux sont les noms, les verbes, les adjectifs qualificatifs, les adverbes :

> Le **loup sortit** du **bois, regarda** le **pauvre agneau** avec **voracité** et **se précipita** pour le **dévorer.**

Les mots lexicaux de cette phrase sont au nombre de neuf :
- *loup* : nom,
- *sortit* : verbe,
- *bois* : nom,
- *regarda* : verbe,
- *pauvre* : adjectif qualificatif,
- *agneau* : nom,
- *voracité* : nom,
- *se précipita* : verbe,
- *dévorer* : verbe.

167

B Quelles sont leurs caractéristiques essentielles ?

B1 Ils sont en très grand nombre

Dans l'exemple suivant :

Le loup aperçut l'agneau.

Les trois mots lexicaux *loup*, *aperçut* et *agneau* peuvent être remplacés par un nombre très important d'autres mots lexicaux :

Le	loup	aperçut	l'	agneau
	lion	vit		cochon
	chien	mangea		paysan
	garçon	prit		enfant
	...	...		...

On dira donc que lorsque l'on remplace un mot lexical par l'ensemble des mots qui peuvent être utilisés à sa place, on obtient un **paradigme long**.

B2 On peut créer, selon les besoins, des mots lexicaux nouveaux

La langue est un outil grâce auquel on peut parler, écrire à d'autres personnes pour leur donner des informations sur des sujets très différents. Comme tous les outils, la langue change, se transforme pour s'adapter à des besoins nouveaux de communication.

Ainsi, lorsque l'on a inventé un nouveau moyen de se déplacer sur l'eau à l'aide d'une planche munie d'une voile, on a inventé le mot *planche à voile*. Pour désigner ceux qui se servent de ce nouvel engin, on a fabriqué le mot *véliplanchistes*. Pour évoquer un nouvel appareil, on inventa le mot *ordinateur*. Un nouvel engin sur rail entraîna la création d'une abréviation T. G. V. (Train à Grande Vitesse).

Pour créer des mots nouveaux, le français dispose de trois procédés :

1. **la suffixation :** on ajoute à la fin d'un mot un suffixe pour obtenir un nouveau mot :
- A partir de *bord*, on forme bord**er** ou bord**ure**.
- A partir de *fleur*, on forme fleur**ir** ou fleur**iste**.
- A partir de *doux*, on forme douce**ur** ou douce**ment**.

2. **la préfixation :** on place devant un mot un préfixe pour fabriquer un nouveau mot :
- A partir de *dire*, on forme **re**dire ou **pré**dire.
- A partir de *voir*, on forme **pré**voir.

3. **la composition :** on juxtapose des mots déjà existants pour former un mot nouveau :
- *chou-fleur,*
- *café-crème,*
- *pomme de terre,*
- *essuie-glace,*
- *aigre-doux.*

(Pour le pluriel des noms composés, voir page 175, II A2.)
(Pour le pluriel des adjectifs composés, voir page 30, A4.)

B3 **Certains mots lexicaux peuvent être remplacés par des pronoms**

C'est le cas des noms et des adjectifs qualificatifs attributs. Aucun des mots grammaticaux n'offre cette possibilité.

B4 **Les mots lexicaux se distribuent dans des classes grammaticales différentes**

On mettra dans une même classe les mots qui peuvent avoir la ou les mêmes fonctions. On distinguera alors :
● **les noms** qui peuvent tous être sujet, complément d'objet direct, complément d'objet indirect, complément circonstanciel, complément du nom, complément d'adjectif, attribut ou mis en apposition ;
● **les adjectifs** qui peuvent tous être épithète, attribut ou mis en apposition ;
● **les adverbes** qui sont tous complément circonstanciel ;
● **les verbes** qui sont tous noyau de la phrase.

On dira que les mots appartenant à la même classe ont la même **nature.**

REMARQUE. Les noms et les adjectifs peuvent remplir plusieurs fonctions ; ils forment deux classes de **polyfonctionnels.** En revanche, les adverbes et les verbes ne peuvent avoir qu'une seule fonction. Ils appartiennent chacun à une classe de **monofonctionnels.**

LE NOM

Ce qu'il faut savoir

Le mot **nom** est un terme utilisé dans toutes les grammaires, aussi bien anciennes que récentes. Ce qui est nouveau, c'est que les fonctions se rapportant au verbe sont attribuées au groupe nominal et non plus au nom en particulier.

Dans :

Le petit chat noir saute par la fenêtre ouverte,

l'analyse traditionnelle dit que *chat* est sujet du verbe *sauter* et *fenêtre* complément circonstanciel du même verbe. Les grammaires récentes préfèrent dire que c'est le groupe nominal *le petit chat noir* qui est sujet du verbe *sauter* et le groupe nominal *par la fenêtre ouverte* qui en est le complément circonstanciel (voir *Groupe nominal*, pages 148 et suiv. et *Groupes*, pages 141 et suiv.).

Le nom est étudié quant au rôle qu'il joue à l'intérieur du groupe nominal. Il en est le noyau, le centre, l'élément indispensable qui ne peut être supprimé et auquel se rattachent les autres éléments de ce groupe. Dans le groupe nominal :

Le petit chat noir,

les mots *le, petit* et *noir* accompagnent le nom *chat*.

QU'EST-CE QU'UN NOM ?

A Définition d'après le sens (sémantique)

Le nom est un mot qui désigne une personne, un animal ou une chose (à condition d'entendre par chose aussi bien un objet concret qu'une notion abstraite).

un homme
Pierre
} sont des personnes.

le chat
la truite
} sont des animaux.

la table (objet concret)
la liberté (notion abstraite)
} sont des « choses ».

B Définition d'après la fonction (syntaxique)

Le nom est le noyau du groupe nominal (on dit parfois le chef de groupe). C'est un élément indispensable au groupe nominal, il n'existe pas de groupe nominal sans nom.

Les lourds nuages gris s'amoncelaient.

* Les lourds X gris s'amoncelaient.

Le nom noyau est obligatoirement accompagné d'un déterminant (voir *Déterminants,* page 127, A).

Les nuages.

Ces nuages.

Quelques nuages.

Cependant, surtout dans le cas de certains noms propres, le nom peut constituer à lui seul le groupe nominal.

Pierre est sorti sous la pluie.

➜   Ces deux définitions ne sont pas contradictoires. Au contraire, elles sont, l'une et l'autre, nécessaires pour comprendre le fonctionnement du nom dans la phrase.

II GENRE ET NOMBRE

Contrairement à l'adjectif, on ne peut pas dire que le nom s'accorde en genre et en nombre. C'est lui qui impose son genre et son nombre.

● *En tant que noyau du groupe nominal*
aux mots qui l'accompagnent, les déterminants :

> **le** chien / **la** chienne
> **le** fauteuil / **les** fauteuils

ou les adjectifs qualificatifs épithètes :

> Ce chien méchan**t**
> Cette chienne méchant**e**
> Ces chiens méchant**s**

● *En tant que sujet*

à l'attribut du sujet :

> Ce chat est noi**r**
> Ces chattes sont noi**res**

au verbe (nombre seulement, le genre n'a aucune influence sur le verbe) :

> Le chien aboi**e**
> Les chiens aboi**ent**

● *En tant que complément d'objet direct*

au participe passé employé avec avoir, dans certains cas (voir *Complément d'objet direct,* page 89, A) :

> Les raisons que je t'ai donn**ées** restent valables.

A Le nombre

Le nom varie en nombre. On peut toujours mettre au pluriel un nom singulier ou mettre au singulier un nom pluriel.

> le chat → les chats

a. Certains noms, tels que **ténèbres, obsèques, fiançailles, mœurs,** n'ont pas de singulier.

173

b. Le passage du singulier au pluriel entraîne, pour certains noms, un changement de sens :

> **un** ciseau (de menuisier) / **des** ciseaux (de couturière)

c. Certains objets sont désignés indifféremment par un nom singulier et un nom pluriel :

> Je mets mon pantalon / mes pantalons
> Je monte l'escalier / les escaliers

A1 Le pluriel des noms

Comment se forme le pluriel	Exemples	Exceptions
La plupart des noms forment leur pluriel en ajoutant un **s**.	Il a de nouveaux **amis.**	
Les noms en **ou** forment leur pluriel en ajoutant un **s**.	Tous ces **trous** sont des marques de **clous.**	*bijou, caillou, chou genou, hibou, joujou, pou* forment leur pluriel en ajoutant un **x** : - Elle a de magnifiques **bijoux.**
Les noms en **eu** forment leur pluriel en ajoutant un **x**.	A 22 h tous les **feux** étaient éteints.	*bleu* et *pneu* prennent un **s** : - On avait crevé les quatre **pneus.**
Les noms en **(e)au** forment leur pluriel en ajoutant un **x**.	Il a évidemment reçu beaucoup de **cadeaux.**	*landau* et *sarrau* prennent un **s** : - Pour ses jumeaux, elle a acheté deux **landaus.**
Les mots en **al** forment leur pluriel en **aux**.	Elle lit plusieurs **journaux** chaque jour.	*bal, carnaval, chacal, festival, régal,* etc. ont leur pluriel en **s** : - Il assiste régulièrement à plusieurs **festivals.**

Comment se forme le pluriel	Exemples	Exceptions
Les noms en **ail** prennent un **s** au pluriel.	Les **détails** de l'affaire lui échappent sans doute.	*bail, corail, émail, fermail, soupirail, travail, vantail, vitrail* forment leur pluriel en **aux :** Le cambrioleur tenta d'ouvrir quelques **soupiraux.**
Les noms qui se terminent par **s, x** et **z** au singulier ne prennent pas de marque de pluriel.	Les **prix** augmentent toujours. Les Chinois connaissent différentes sortes de **riz.**	

REMARQUE.

1. Certains pluriels entraînent un changement de prononciation :

    bœuf → bœufs
    œuf → œufs
    os → os

2. Certains noms changent totalement de forme au pluriel :

    ail → aulx
    œil → yeux

A2   Pluriel des noms composés

La formation du pluriel des noms composés dépend souvent du sens de chaque mot composé. On peut cependant donner quelques règles d'accord.

Nom composé	Formation du pluriel	Exceptions
Nom + Nom	Les deux noms prennent la marque du pluriel : - des oiseau**x**-mouche**s**	- des timbre**s**-poste (= des timbres pour la poste) - des année**s**-lumière - des garde**s**-chasse

Nom composé	Formation du pluriel	Exceptions
Nom + Préposition + Nom	Seul le premier nom prend la marque du pluriel : - des arcs-en-ciel	- des bêtes à cornes - des chars à bancs - des tête-à-tête - des pot-au-feu
Adjectif + Nom	Les deux mots prennent la marque du pluriel : - des basses-cours	Adjectif **grand** + nom féminin reste invariable : - des grand-mères Adjectif **demi** + nom reste invariable : - des demi-journées
Adjectif + Adjectif	Les deux adjectifs prennent la marque du pluriel : - des sourds-muets	
Verbe + Nom	1. Seul le nom prend la marque du pluriel : - des casse-noisettes - des tourne-disques 2. Ni le verbe ni le nom ne prennent la marque du pluriel : - des abat-jour	
Mot invariable + Nom	Seul le nom prend la marque du pluriel : - des avant-scènes - des non-lieux	
Verbe + Verbe	Aucune marque de pluriel : - des laissez-passer	
Mots étrangers	Aucune marque de pluriel : - des post-scriptum	- des snack-bars - des pull-overs - des week-ends

B | *Le genre*

B1 Le nom ne varie pas en genre comme il varie en nombre. Le genre d'un nom est fixe dans la langue. Il est indiqué dans le dictionnaire (masculin/féminin).

B2 Les marques du féminin

En principe, le **e** final est la marque du féminin :

> la table

 Beaucoup de noms féminins ne se terminent pas par **e :**

> la souris
> la foi
> la liberté

REMARQUE. Certains mots masculins prennent un **e** final :

> le lycée
> le musée
> le foie

III | LES DIVERSES CATÉGORIES DE NOMS

On peut classer les noms de diverses manières.
On peut distinguer : les noms communs et les noms propres ;
les animés et les inanimés ;
les êtres humains et les animaux.

		Noms propres	Noms communs
animés	humains	Bernard	mon oncle
	non-humains	Médor	mon chien
inanimés		La Loire	le fleuve

Pour un nom, le fait d'appartenir à telle ou telle de ces trois catégories entraîne un comportement grammatical particulier.

A *Noms propres / Noms communs*

Noms propres et noms communs n'ont pas le même comportement en ce qui concerne le pluriel et l'utilisation des déterminants.

A1 Le pluriel des noms propres

Les noms propres ne se mettent en général pas au pluriel :

> la France
> ★ les France

 Dans : Les Dupont viendront dîner

il s'agit de plusieurs personnes portant le même nom. Le nom propre ne prend pas le **s** du pluriel mais il impose son pluriel au déterminant *les* et au verbe *viendront*.

> **Il avait acheté trois superbes Picasso.**

Le nom du peintre désigne, ici, ses œuvres.

 Certains noms propres sont toujours au pluriel et en prennent la marque :

> les Pyrénées
> les Alpes
> les Antilles

 Les noms désignant des peuples ou des habitants de pays, de régions, de villes, prennent une majuscule comme tous les noms propres mais prennent également les marques de genre et de nombre.

> Un Breton / une Bretonne
> Des Bretons / des Bretonnes

REMARQUE. En fait, le même mot peut être employé soit comme adjectif, soit comme nom.

Les paysans bretons sont têtus.

adjectif

Les Bretons sont têtus.

nom

La cuisine lyonnaise est réputée.

adjectif

Les Lyonnaises sont bonnes cuisinières.

nom

Seuls les noms prennent une majuscule.

A2 L'utilisation des déterminants

Traditionnellement les noms communs sont obligatoirement accompagnés d'un déterminant. Les noms propres, eux, n'ont pas cette obligation.

> <u>Mon</u> chien est parti.
>
> <u>Médor</u> est parti.

On rencontre de nombreux noms communs construits sans déterminant. Ceci résulte, par exemple, d'une construction grammaticale obligatoire.

> Il marchait <u>avec peine</u>.
>
> Ils s'entendaient <u>comme chien et chat</u>.
>
> Ils ont acheté des fauteuils <u>en cuir</u>.
>
> Etc.

(Pour plus de détails, voir *Déterminants* page 127, A).

On rencontre aussi des noms propres accompagnés d'un déterminant. C'est le cas de beaucoup de noms utilisés en géographie :

> la Loire
> le Brésil

REMARQUE. 1. Si le nom propre est accompagné d'un adjectif qualificatif, d'un complément du nom ou d'une subordonnée relative, le déterminant réapparaît.

> C'est le gros <u>Bernard</u> qui a volé les œufs.
>
> Ma chère <u>Nicole</u>, comment vas-tu ?
>
> C'était un <u>Paris</u> de rêve...

Dans un usage populaire, l'utilisation volontaire d'un déterminant avec le nom propre peut servir à donner une nuance pittoresque ou affective.

> <u>La</u> Marie a encore battu son fils.
>
> <u>Mon</u> Pierre est arrivé le premier.

2. L'utilisation d'une majuscule pour un nom commun permet de donner une valeur symbolique à ce qui est désigné.

> Liberté, j'écris ton nom.

B | Animés / Inanimés

Le classement qui distingue les noms désignant des êtres animés (hommes ou animaux) et les noms désignant des objets inanimés est particulièrement utile lorsque l'on veut remplacer un nom par un pronom et lorsque l'on veut exprimer le lieu à l'aide des prépositions **à** et **chez**.

B1 | Le remplacement du nom par un pronom

Lorsque l'on est amené à utiliser des pronoms de type personnel, interrogatif ou « négatif », on est obligé de distinguer animés et inanimés :

Il pense à son frère.	→ Il pense à lui.	(animé)
Il pense à son jardin.	→ Il y pense.	(inanimé)
Il parle de son frère.	→ Il parle de lui.	(animé)
Il parle de son jardin.	→ Il en parle.	(inanimé)
Il voit un vieillard.	→ Qui voit-il ?	(animé)
Il voit un arbre.	→ Que voit-il ?	(inanimé)
Il pense à son frère.	→ A qui pense-t-il ?	(animé)
Il pense à son jardin.	→ A quoi pense-t-il ?	(inanimé)
Il voit son frère.	→ Il ne voit personne.	(animé)
Il voit un arbre.	→ Il ne voit rien.	(inanimé)

➜ Les substituts du nom utilisés dans le cas des animés sont *qui, personne, lui (elle, elles, eux)* ; ceux utilisés dans le cas des inanimés sont *que, quoi, rien, y, en.*

REMARQUE. 1. En fait, dans l'usage courant, la série *que, quoi, rien, y, en* n'est pas strictement réservée aux inanimés. On peut dire :

Il voit un vieillard.	→ Que voit-il ?
Il voit son frère.	→ Il ne voit rien.
Il pense à son frère.	→ Il y pense.
Il parle de son frère.	→ Il en parle.

De toute cette série, c'est le pronom *quoi* qui est le plus rarement utilisé avec un animé. En revanche, l'autre série : *qui, personne, lui (elle, elles, eux)* est strictement réservée aux animés.

2. Les animés des exemples pris plus haut étaient tous des humains. Le cas des animaux est plus complexe : dans le cas des animaux proches de l'homme, les substituts ont tendance à s'employer de la même manière que pour les humains. En revanche, dans le cas d'animaux peu familiers, on aura tendance à utiliser les substituts de la série *inanimés*.

Il pense à son chien.   → A qui pense-t-il ?

A quoi pense-t-il ?

Il pense aux fourmis.   → * A qui pense-t-il ?

A quoi pense-t-il ?

B2   L'utilisation des prépositions *à* et *chez*

Le classement entre *animés* et *inanimés* est important lorsque l'on veut former un complément circonstanciel de lieu à l'aide des prépositions **à** ou **chez**. Lorsque l'on fait référence à un lieu désigné par un nom de personne, la règle veut que l'on utilise la préposition **chez**.

Je vais **chez** le coiffeur.
* Je vais au coiffeur.

Il n'y a plus de pain **chez** le boulanger.
* Il n'y a plus de pain au boulanger.

Il faut qu'il aille **chez** le docteur.
* Il faut qu'il aille au docteur.

REMARQUE. On observe actuellement une tendance à utiliser **chez** pour tous les commerçants même lorsque le magasin n'est pas désigné par le nom d'une personne.

Il fait ses courses **chez** Mammouth (non-humain).

En ce qui concerne les différentes fonctions que peuvent assurer les noms (sujet, COD, COI, CC, etc.), se reporter à chaque rubrique en particulier.

LA PONCTUATION

Ce qu'il faut savoir

● Lorsque l'on parle, la voix monte, descend à certains moments de notre discours ou à l'intérieur même des phrases. Nous observons des arrêts, des pauses. Les montées et les descentes de la voix, les pauses qui séparent les groupes de mots ou les phrases sont très importantes ; elles sont parfois même indispensables pour que notre auditeur puisse comprendre ce que l'on veut dire.

● Lorsque l'on écrit, il faut trouver d'autres moyens de noter, pour celui qui nous lira, les variations de hauteur de la voix ou les pauses plus ou moins longues qui séparent certains éléments du texte ; ces moyens nous sont offerts par les signes de ponctuation. Ces signes sont au nombre de dix :

la virgule ,	le point d'exclamation !
le point-virgule ;	les guillemets « »
les deux points :	les parenthèses ( )
le point .	les tirets — ... —
le point d'interrogation ?	les points de suspension ...

I LA VIRGULE

La virgule peut être utilisée pour séparer différents éléments de la phrase ; elle marque une pause sans que la voix baisse.

A *A l'intérieur d'un groupe*

La virgule permet de ne pas répéter la conjonction de coordination. Cette dernière n'apparaît qu'avec le dernier mot coordonné :

Le père, la mère $\boxed{\text{et}}$ l'enfant avaient disparu.

<u>groupe sujet</u>

Il mangea les bonbons, les gâteaux $\boxed{\text{et}}$ les chocolats.

groupe COD

B *A l'intérieur d'une phrase*

La virgule permet d'insérer, notamment entre le sujet et le verbe, des éléments qui donnent des informations sur le sujet. La virgule indique alors que le verbe va apparaître dès que l'explication concernant le sujet sera achevée :

L'homme, fatigué par sa longue marche, s'assit enfin.

<u>sujet</u>   information sur le sujet   verbe

L'enfant, qui s'était longtemps retenu, éclata en sanglots.

sujet   information   verbe

C

La virgule permet de **séparer des propositions** en indiquant que les événements qu'elles évoquent se produisent l'un après l'autre (en succession chronologique) ou au même moment :

Je le vois, je cours, il se retourne et me reconnaît.

J'arrivais, ils partaient.

D

La virgule peut marquer que les deux propositions sont liées par une **relation logique** (cause, condition, etc.).

Je la gronde, elle se met à pleurer (elle pleure **parce que** je la gronde).

Tu me frappes, je le dis à mon père (**si** tu me frappes, je le dis à mon père).

E Dans le cas d'une mise en relief par déplacement d'un élément de la phrase, la virgule marque le détachement (la mise en évidence) de cet élément :

> Les femmes commencèrent à pousser des cris de l'autre côté de la rivière.

> De l'autre côté de la rivière, les femmes commencèrent à pousser des cris.

C'est aussi le cas lorsqu'un pronom est mis en relief :

> Moi, je n'aurais jamais accepté une chose pareille.

II LE POINT-VIRGULE

Le point-virgule sépare deux propositions. Il indique que l'on marque une pause un peu plus importante qu'avec la virgule, sans pour autant que la voix baisse complètement entre les deux éléments séparés. Le plus souvent, les deux propositions ont entre elles une relation logique :

> Il travaillait énormément ; il voulait absolument réussir son examen (il travaillait énormément **car** il voulait réussir son examen).

III LES DEUX POINTS

Ils ont différentes utilisations :

A Ils permettent d'indiquer de quels éléments se compose un ensemble :

> Les villes les plus importantes de France sont : Paris, Marseille, Lyon, etc.

B Ils permettent de citer ou de rapporter les paroles de quelqu'un :

> Elle se retourna et dit : « C'est vous qui m'avez appelée ? »

C Ils permettent d'exprimer une explication :

> On entendait de temps en temps des bruits étranges : c'était le vent qui soulevait les tuiles.

IV LE POINT

Le point indique la fin d'une phrase. Il marque une descente complète de la voix et une pause importante avant que la voix ne remonte pour une autre phrase :

> Pierre s'assit à la terrasse du café. Les gens passaient sur le boulevard sans se presser. Dans le ciel les premières étoiles se mirent à briller.

Le plus souvent on utilise le point lorsque l'on exprime une idée nouvelle qui n'a pas de relation étroite avec celle exprimée dans la phrase précédente.

REMARQUE. Lorsque, dans un texte, on veut vraiment indiquer que l'on change de thème, on met un point et on va à la ligne. On commence ainsi un nouveau **paragraphe.**

V LE POINT D'INTERROGATION

Il se place à la fin d'une phrase interrogative. On ne l'utilise qu'avec l'**interrogation directe :**

> Tu lui as dit de venir dîner ? (Interrogation directe.)
> Savez-vous votre leçon ? (Interrogation directe.)
> Est-ce que vous lui avez parlé ? (Interrogation directe.)
>
> Je me demande s'il est parti. (Interrogation indirecte.)
> La jeune fille ne savait pas si elle devait le croire. (Interrogation indirecte.)

VI LE POINT D'EXCLAMATION

Il se place à la fin d'une phrase dans laquelle celui qui parle ou écrit exprime un ordre, un souhait, la surprise, l'exaspération, l'admiration, etc.

> Venez ici immédiatement !
> Oh ! le joli petit chaton !
> Assez de mensonges et de flatteries !
> Ainsi c'était donc vous !

VII LES GUILLEMETS

Ils encadrent une phrase ou un groupe de mots qui n'appartiennent pas à celui qui écrit mais qui sont empruntés à quelqu'un d'autre. Grâce aux guillemets, on cite les paroles ou les écrits d'un personnage. Le plus souvent les éléments entre guillemets sont précédés de deux points :

> Il se tourna vers moi : « Avez-vous quelque chose à dire ? »
> Victor Hugo écrit à sa fille : « Nul ne saura ce que j'endure en voyant s'enliser ce en quoi j'ai toujours cru. »

REMARQUE.

1. Lorsque l'on cite une ou plusieurs phrases d'un auteur à l'aide de guillemets, on doit veiller à respecter très fidèlement ce que l'auteur a écrit. Si l'on enlève une partie de la phrase citée, on l'indiquera à l'aide de points de suspension encadrés de **crochets** : **[...]** Si l'on souligne un mot ou un groupe de mots, on le notera en bas de page par la formule : *souligné par nos soins.*

2. Lorsque l'on utilise un mot dans un sens qui n'est pas son sens habituel, lorsque l'on veut donner à un mot une nuance particulière, on le met entre guillemets.
C'est également le cas lorsque l'on utilise un mot étranger.

VIII LES PARENTHÈSES

Elles servent à isoler une information à l'intérieur d'une phrase. Le groupe de mots ou la phrase entre parenthèses n'a aucun lien syntaxique avec le reste de la phrase. Il s'agit souvent d'une réflexion que fait celui qui écrit à propos de tel ou tel passage de la phrase :

> Il s'avança et dit **(et d'ailleurs tout le monde s'en doutait)** qu'il allait épouser la princesse.

> Mais qu'est-ce que c'est que ça ? **(**c'était son expression favorite**)**, répétait-il sans arrêt.

REMARQUE. Les parenthèses ne doivent pas être utilisées trop souvent. Elles provoquent une rupture dans le rythme de la lecture qui la rend difficile. Le segment mis entre parenthèses ne doit pas être trop long.

IX LES TIRETS

A Encadrant une phrase ou un segment de phrase, les tirets jouent un rôle semblable aux parenthèses :

Il la regarde, hésite — cruel dilemme — et s'en retourne sans un mot.

B Dans un dialogue, le tiret sert à indiquer que l'on change d'interlocuteur :

— Tu viens ?
— Oui, j'arrive dans cinq minutes.
— Mais qu'est-ce que tu as encore à faire ?

X LES POINTS DE SUSPENSION

Ils peuvent avoir plusieurs valeurs.

A Ils interviennent dans une énumération que l'on ne veut pas allonger. Ils ont alors un sens analogue à **etc**. :

Il y avait bien sûr toute la famille : le père, la mère, les frères, les sœurs...

B Ils interviennent lorsque celui qui parle (ou qui écrit) veut sous-entendre une suite, un commentaire, une conclusion, une référence, etc., compréhensible pour celui qui l'écoute (ou le lit) :

Ne t'en fais pas, il a très bien compris...
Nous sommes allés en Bretagne : il a beaucoup plu...

LES PRÉPOSITIONS

Ce qu'il faut savoir

● Les prépositions sont des mots grammaticaux (voir pages 164, I). Leur rôle consiste à **mettre en relation** les mots d'une phrase, à indiquer les fonctions qu'ils assurent :

Les enfants **de** ma classe ne veulent pas jouer **avec** moi **à** la récréation.

● Les prépositions ne représentent pas le seul moyen de marquer la fonction des mots constituant une phrase ; la position des éléments et le sens des mots peuvent aussi suggérer la fonction qu'ils occupent.

| A QUOI SERVENT LES PRÉPOSITIONS ?

A *Les prépositions servent à marquer la fonction des mots dans la phrase :*

Vers cinq heures, son père venait la chercher **en** voiture **devant** le lycée.

On découvre trois prépositions qui marquent chacune la fonction d'un mot ou d'un groupe de mots :

● **vers :** indique la fonction de *cinq heures* : complément circonstanciel de temps.

● **en :** indique la fonction de *voiture* : complément circonstanciel de moyen.

● **devant :** indique la fonction de *lycée* : complément circonstanciel de lieu.

Les trois prépositions sont donc des **indicateurs de fonction.** Toutes les trois relient le mot dont elles indiquent la fonction au verbe de la phrase *venait chercher.*

venait chercher
- quand → vers cinq heures.
- comment ? → en voiture.
- où ? → devant le lycée.

B *Les prépositions relient un mot ou un groupe de mots soit directement au verbe, soit à un autre mot de la phrase*

Pendant le dîner, le chien **de** Marie se prélassait **avec** délices **devant** le feu **de** bois.

On découvre cinq prépositions. Parmi elles, certaines marquent des relations avec le verbe *se prélassait,* d'autres indiquent des relations avec un élément autre que le verbe.

B1 Relations directes avec le verbe :

● **pendant :** marque la relation de *dîner* avec le verbe *se prélassait* : complément circonstanciel de temps.

● **avec :** marque la relation de *délices* avec le verbe *se prélassait* : complément circonstanciel de manière.

● **devant :** marque la relation de *feu de bois* avec le verbe *se prélassait* : complément circonstanciel de lieu.

B2 Relations avec un élément autre que le verbe :

● **de :** marque la relation de *Marie* avec *chien* : *Marie* est le complément du nom *chien*.

● **de :** marque la relation de *bois* avec *feu* : *bois* est le complément du nom *feu*.

B3 La représentation en cercles concentriques permet de bien observer le rôle des prépositions et de distinguer les relations directes avec le verbe des autres relations :

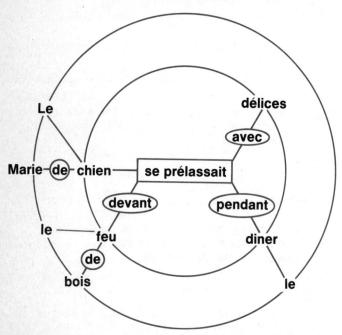

REMARQUE. Certaines prépositions marquent presque toujours des relations directes avec le verbe : ce sont celles qui introduisent un complément circonstanciel : **pour, avec, dès, à cause de, par...** D'autres sont plutôt utilisées pour marquer la relation entre un groupe nominal et un autre groupe nominal **de, à.**

On trouvera, cependant de nombreux exemples contradictoires :

Une robe **avec** des fils d'or.
(**avec** marque la relation entre deux groupes nominaux)

Un cousin **par** alliance.
(**par** marque la relation entre deux groupes nominaux)

C **Les prépositions ne constituent pas le seul moyen de marquer la fonction des mots dans une phrase :**

Le lendemain, dès son réveil, l'homme demanda le journal du jour.

- *L'homme :* sa fonction de sujet du verbe *demanda* est marquée par sa **position** devant le verbe.

- *Le journal :* sa fonction de complément d'objet du verbe *demanda* est indiquée par sa **position** après le verbe.

- *Son réveil :* sa fonction de complément circonstanciel de temps est indiquée par la préposition **dès**.

- *Jour :* sa fonction de complément du nom *journal* est marquée par la préposition **de** (du = de + le).

- *Le lendemain :* sa fonction de complément circonstanciel de temps n'est marquée ni par sa position (puisque l'on peut le déplacer sans changer sa fonction) ni par une préposition.

➡ Il existe donc trois moyens de marquer la fonction des mots ou des groupes de mots constituant la phrase :

● **Les prépositions** sont des mots spécialisés dans la mise en relation des éléments d'une phrase.

● **La position des mots** permet essentiellement de distinguer le sujet (placé avant le verbe) du complément d'objet direct (placé après le verbe).

● Certains mots ou groupes de mots marquent leur fonction par leur **sens**, sans avoir besoin d'une préposition ou d'une place particulière dans la phrase. Ce sont, notamment, les adverbes.

II LE SENS DES PRÉPOSITIONS

Certaines prépositions sont utilisées de façon très fréquente pour marquer un type de fonction particulier :

- *Avant, après, dès, depuis, en attendant, jusqu'à, pendant,* etc. } expriment le plus souvent le temps.

- *A cause de, en raison de, vu, attendu, par suite de, étant donné, sous prétexte de,* etc. } expriment la cause.

- *De façon à, de manière à*, etc.	expriment la conséquence.
- *Pour, en vue de, dans l'intention de, afin de*, etc. $\Big\}$	expriment le but.
- *A condition de, dans le cas de, à moins de*, etc. $\Big\}$	expriment la condition.
- *A la manière de, selon*, etc.	expriment la comparaison.
- *Dans, à l'intérieur de, sur, entre*, etc. $\Big\}$	expriment le plus souvent le lieu.

REMARQUE. Une même préposition peut indiquer des fonctions très différentes selon les mots qu'elle met en relation :

Il marche **avec** $\begin{cases} \text{difficulté : manière} \\ \text{un bâton : moyen} \\ \text{son père : accompagnement.} \end{cases}$

Selon que la préposition **avec** marque la fonction d'un mot abstrait comme *difficulté*, d'un objet concret comme *bâton* ou enfin d'un être animé comme *son père*, la fonction qu'elle exprime varie très fortement

A la récréation il parlait **à** voix basse **à** son ami.

La préposition **à** introduit des groupes de mots de fonctions différentes :
- *à la récréation :* complément circonstanciel de temps du verbe *parlait*.
- *à voix basse :* CC manière du verbe *parlait*.
- *à son ami :* complément d'objet indirect du verbe *parlait*.

III LA FORME DES PRÉPOSITIONS

Les prépositions se présentent sous deux formes :

A **Des mots simples** et le plus souvent très courts (voir *Mots grammaticaux-Mots lexicaux*, page 166, B5) : *à, de, par, pour, dans, vers*, etc.

B Des groupes de mots appelés **locutions prépositionnelles :** *à travers, à cause de, par crainte de, à moins de, à la façon de*, etc..

LES PROCÉDURES

Ce qu'il faut savoir

On regroupera sous ce titre l'ensemble des **manipulations** portant soit sur des groupes de mots à l'intérieur de phrases, soit sur des mots à l'intérieur de groupes de mots.

Les procédures sont utilisées pour établir des classes de mots (voir *Mots grammaticaux / Mots lexicaux,* page 169, IIB4) ou pour préciser les critères qui permettent de reconnaître chaque fonction.

Les principales procédures sont :

- **La réduction,**
- **Le déplacement,**
- **La permutation,**
- **L'expansion,**
- **La commutation.**

PROBLÈMES POSÉS PAR LES PROCÉDURES

A *Que manipule-t-on ?*

Il est important, en ce qui concerne le bon usage de chacune des procédures, de bien savoir que l'on peut faire porter la manipulation :

- sur un groupe de mots dans le cadre d'une phrase :

> Il s'est cassé la jambe, cet hiver.
>
> Cet hiver, il s'est cassé la jambe.
>
> (Procédure de déplacement.)

- sur un mot dans le cadre d'un groupe de mots :

> Il portait une superbe chemise rouge.
>
> Il portait une chemise rouge.
>
> (Procédure de réduction.)

B *Comment juger de la validité d'une manipulation ?*

Chaque fois que l'on manipule une phrase, le sens de cette phrase se trouve modifié. Il reste à savoir si la phrase obtenue reste grammaticalement correcte. En fait, quelles que soient les procédures appliquées, quatre cas peuvent se présenter :

B1 La phrase obtenue est moins riche en information, mais son sens n'est pas fondamentalement changé :

> Mes amis sont partis de bonne heure.
>
> Mes amis sont partis.
>
> (Procédure de réduction.)

B2 La phrase obtenue est moins riche en information et son sens d'origine est modifié :

> Le paysan monte un sac de blé.
>
> Le paysan monte.
>
> (Procédure de réduction.)

B3 La phrase obtenue n'a pas de sens mais elle reste grammaticalement correcte :

Le vent plie l'arbre.

L'arbre plie le vent.

(Procédure de permutation.)

B4 La phrase obtenue n'a plus de sens et n'est plus correcte grammaticalement :

Cécile arrivera par le train de cinq heures.

★ arrivera par le train de cinq heures.

(Procédure de réduction.)

II LES DIFFÉRENTES PROCÉDURES

A *La réduction*
(suppression, effacement, soustraction)

Réduire consiste à supprimer un groupe de mots dans une phrase ou à supprimer un mot dans un groupe de mots. Le test de la réduction révèle le caractère obligatoire (essentiel, indispensable) ou le caractère facultatif (non essentiel) d'un mot dans un groupe ou d'un groupe dans une phrase.

A1 Suppression d'un groupe dans une phrase

Le chien rongeait son os.

GN sujet

★ rongeait son os.

Le GN sujet apparaît comme obligatoire, non supprimable.

Mon voisin va à la chasse.

GN CC

★ Mon voisin va.

Le GN CC apparaît ici comme obligatoire. C'est un complément de verbe (voir *Complément essentiel/Complément circonstanciel*, page 67, II).

Les chasseurs marchent <u>dans la prairie.</u>
                              GN CC

Les chasseurs marchent.

Le GN CC n'est, cette fois, pas obligatoire. C'est un complément de phrase.

A2 Suppression d'un mot à l'intérieur d'un groupe nominal

<u>Les vagues aux crêtes blanches</u> poussaient <u>le canot</u>
              GN sujet   GN

<u>pneumatique.</u>
    COD

Dans ces deux groupes nominaux, ni *les,* ni *le* ne peuvent être supprimés.

Dans le cadre du groupe nominal, le test de la réduction permet de distinguer des constituants obligatoires, les **déterminants :**

* ⋆ vagues aux crêtes blanches poussaient canot pneumatique.

et des constituants facultatifs, les **expansions lexicales** (adjectifs, compléments du nom, subordonnées relatives...) :

Les vagues poussaient le canot.

Si l'on supprime tous les groupes et tous les mots qui ne sont pas strictement indispensables à la construction grammaticale de la phrase, on obtient une **phrase minimum.**

B | *Le déplacement*

Déplacer consiste à changer la place d'un mot ou d'un groupe de mots.

B1 Déplacement d'un groupe dans la phrase

Cette manipulation peut se révéler très utile pour distinguer différentes fonctions à l'intérieur de la phrase (sujet, COD, CC, voir pages 88, A et 250, B).

Certains groupes sont très facilement déplaçables :

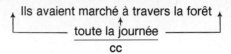

Ils avaient marché à travers la forêt
toute la journée
CC

D'autres groupes sont difficilement déplaçables :

Les enfants lisaient des illustrés.

COD

➜ Le caractère déplaçable ou non d'un groupe, associé au caractère de suppression, permet de distinguer les groupes nominaux compléments essentiels et les groupes nominaux compléments non essentiels (voir page 65, IA).

B2 Déplacement à l'intérieur du groupe nominal

a. Les déterminants placés avant le nom et les subordonnées relatives sont difficilement déplaçables :

La bicyclette de mon oncle.

Le jardinier qui avait taillé les arbres est mort.

b. L'adjectif épithète est plus facilement déplaçable : il peut, en général, se mettre à gauche ou à droite du nom :

Un énorme éléphant se mit à barrir.

Un éléphant énorme se mit à barrir.

C La permutation

Permuter consiste à échanger les places de deux mots ou de deux groupes de mots. Il en résulte un changement de sens.

C1 Permutation d'un groupe dans la phrase

Une permutation entre le sujet et le COD permet de montrer que c'est la place occupée par le GN qui indique s'il est sujet ou objet :

Le gros chat gris guette la petite souris blanche.

GN sujet   GN COD

La petite souris blanche guette le gros chat gris.

GN sujet   GN COD

197

C2 Permutation à l'intérieur d'un groupe nominal

La permutation du nom noyau et du nom complément du nom permet de montrer que chacun des deux éléments a une place précise liée à sa fonction :

La femme de mon frère est venue.

nom ⟶ compl. du nom

Le frère de ma femme est venu.

Le chien de mon ami est méchant.

L'ami de mon chien est méchant.

D L'expansion

Cette manipulation consiste à ajouter des mots dans un groupe ou des groupes de mots dans une phrase ; on apporte ainsi au groupe ou à la phrase des informations supplémentaires :

Le linge sèche.

Le linge mouillé sèche.

Le linge mouillé sèche sur le fil.

Depuis ce matin le linge mouillé sèche sur le fil.

D1 Expansion à l'intérieur de la phrase

On ajoute un groupe dans une phrase :
a. en le coordonnant à un groupe de même fonction :

Irène nage tous les jours.

Irène et sa fille nagent et font du tennis tous les jours.

b. en insérant un groupe ayant une fonction nouvelle :

Il hache de la viande.

COD

Tous les soirs il hache de la viande pour le chat.

COS   COD   COS

D2 **Expansion à l'intérieur du groupe nominal**

a. On peut ajouter certains déterminants à celui ou à ceux qui se trouvent déjà dans le groupe nominal :

> Trois bateaux entrèrent dans le port.
> Trois autres bateaux entrèrent dans le port.
>
> Ces personnes m'ont appris la nouvelle.
> Ces mêmes personnes m'ont appris la nouvelle.

b. On peut ajouter un complément du nom, une subordonnée relative, un adjectif qualificatif :

> J'ai acheté la voiture qui me plaisait.
> J'ai acheté la voiture qui me plaisait et que tu as vue avec moi.
>
> Un cheval courait sur le chemin.
> Un petit cheval gris et noir courait sur le chemin.

E *La commutation*

Commuter, c'est remplacer un mot ou un groupe de mots par un autre mot ou un autre groupe de mots. La commutation permet d'établir des ensembles de mots qui ont la même fonction.

E1 **Commutation d'un groupe de mots à l'intérieur de la phrase**

Le chat	
L'oiseau	
Mon frère	mange le pain.
Irène	
Celui-ci	

Tous les groupes de mots qui peuvent remplacer *le chat* peuvent assurer la fonction sujet.

	sur le chemin.
	à droite.
La voiture roulait	
	vite.
	sans phares.

Les groupes de mots qui peuvent remplacer *sur le chemin* forment l'ensemble des compléments circonstanciels.

> REMARQUE. Il faut noter que lorsque l'on procède à une commutation entre un groupe et un autre groupe, on peut obtenir des phrases grammaticalement correctes mais dont le sens est surprenant ou absurde :

Des oiseaux	
Des cerfs-volants	volaient dans le ciel.
Des marteaux-piqueurs	

E2 Commutation à l'intérieur du groupe nominal

Le	
Ce	
Mon	chat
Un	
Aucun	
Chaque	

Tous les mots qui peuvent remplacer *le* devant *chat* forment l'ensemble des **déterminants** du nom (voir *Déterminants*, pages 126 et suiv.).

	noir.
Le chat	de mon voisin.
	qui miaule à la porte.

Tous les groupes qui peuvent remplacer *noir* forment l'ensemble des **expansions lexicales** du groupe nominal (voir *Le groupe nominal*, page 153, III).

LES PRONOMS

Ce qu'il faut savoir

● Le pronom remplace le plus souvent un nom ou un groupe nominal ; mais il peut aussi se substituer à un adjectif ou à une proposition tout entière. Le fait qu'il puisse remplacer autre chose qu'un nom explique que l'on utilise parfois le terme de **substitut** au lieu du terme **pronom.**

● Lorsque l'on utilise un pronom, il faut faire très attention à ce que celui à qui l'on s'adresse puisse sans difficulté savoir ce que ce pronom signifie, c'est-à-dire à quelle personne, chose ou idée il fait allusion.

● On distingue plusieurs catégories de pronoms :

- Les pronoms personnels : *je, tu, il, nous, le, lui,* etc.
- Les pronoms démonstratifs : *ce, ceci, cela,* etc.
- Les pronoms possessifs : *le mien, le tien, le sien,* etc.
- Les pronoms interrogatifs : *qui, que, lequel,* etc.
- Les pronoms relatifs : *qui, que, quoi, dont, où,* etc.
- Les pronoms réfléchis : voir *Voix pronominale,* page 296, B.

LES PRONOMS PERSONNELS

A La forme des pronoms personnels

A1 La forme des pronoms personnels varie selon la ou les personnes qu'ils évoquent, la ou les choses auxquelles ils font référence ; elle change aussi selon la fonction qu'ils occupent dans la phrase :

		SUJET	COD	COI	CC de lieu
Singulier	1re pers.	je	me	me	
	2e pers.	tu	te	te	
	3e pers.	il, elle, on	le, la, en	lui, en, y	en, y
Pluriel	1re pers.	nous	nous	nous	
	2e pers.	vous	vous	vous	
	3e pers.	ils, elles	les	leur, en, y	en, y

Je vois descendre Marie. → Je la vois descendre.
sujet — COD — COD

Il dit à Marie → Il lui dit : salut, ça va ?
sujet — COI — COI

Pour parler de ses vacances, il en parle !
COI — sujet COI

Je viens du château. → J'en viens.
sujet — CC — CC

Il n'est pas dans sa chambre. → Il n'y est pas.
sujet — CC — CC

Je pense sans arrêt à ton départ. → J'y pense sans arrêt.
sujet — COI — COI

203

A2 Les formes accentuées ou formes pleines

Ce sont les formes des pronoms personnels qui s'emploient lorsque l'on veut insister sur la personne ou, beaucoup plus rarement, la chose dont on parle :

> **Moi,** on ne m'aura pas comme cela.

> J'étais au courant ; **lui,** on ne lui en avait rien dit.

Ces formes sont, d'autre part, utilisées après les prépositions :

> Tu viens avec **moi** ?

> Fais cela pour **elle** !

Le tableau ci-dessous présente l'ensemble des formes accentuées des pronoms personnels :

		Insistance et après prépositions
Singulier	1re personne	moi
	2e personne	toi
	3e personne	lui, elle
Pluriel	1re personne	nous
	2e personne	vous
	3e personne	eux, elles

Elle, on la laissera passer.
3e pers.　3e pers.

Eux,　ils ne t'en ont jamais voulu.
3e pers. 3e pers.
pluriel

Toi,　tu ne changeras jamais.
2e pers. 2e pers.

Je sentais la colère monter en　moi.
prép. 1re pers.

REMARQUE.

1. Lorsqu'on parle, on a tendance à supprimer la voyelle **e** des pronoms personnels *je, me, te, le* :

Je me le demande →
| J'me l'demande.
| J'm'le demande.
| Je m'le demande.

2. Lorsqu'on parle, on peut aussi utiliser tu et il sous une forme réduite : *il* → **i**   *tu* → **t'** :

Il me dit. → I'm'dit.

Tu es bête. → T'es bête.

3. Devant un mot commençant par une voyelle, *je, me, te* et *le* s'écrivent **j', m', t', l'** : ils perdent par ellision leur voyelle *e* :

Dès que je t'ai vue, je t'ai reconnue.

B | L'emploi et la fonction des pronoms personnels

B1 | Les pronoms personnels des 1re et 2e personnes

Ils désignent la ou les personnes qui parlent ou écrivent, la ou les personnes à qui l'on parle ou à qui l'on écrit. Ces pronoms, contrairement à ceux de la 3e personne, ne peuvent pas évoquer une personne ou une chose dont on parle.

- **Je** désigne celui qui parle (locuteur) ou celui qui écrit (scripteur).
- **Tu** désigne celui à qui l'on parle (l'interlocuteur) ou écrit (le lecteur).
- **Nous** peut désigner des groupes de personnes très différents :

Nous avons gagné. (Toi et moi.)

Mon cher, nous avons tout essayé. (Lui et moi.)

Tu penses, nous le lui avons dit. (Eux et moi.)

Celui qui parle fait toujours partie du groupe.

- **Vous** peut désigner des groupes dont la composition varie :

Vous avez tout cassé. (Toi et toi.)

Vous avez donc finalement réussi. (Toi et lui.)

Vous êtes arrivés hier ? (Toi et eux.)

Remarquons que **vous** peut désigner la personne à qui l'on s'adresse lorsqu'on ne la connaît pas très bien ou que l'on veut marquer de la politesse ou du respect. Comparons, par exemple :

Tu me fais rire, tiens !

Vous me surprenez, cher ami.

B2 Les pronoms personnels de 3e personne

Ils désignent des personnes ou des choses dont on a déjà parlé ou que l'on a déjà nommées par écrit :

Hier, j'ai apporté des gâteaux à Jacques ; il ne les a pas mangés.

REMARQUE.

1. Le pronom personnel peut évoquer une personne ou une chose dont on n'a pas parlé effectivement mais dont l'identité ne fait aucun doute : si je viens de rendre visite à Jacques et que celui qui me parle le sait, il me dira :

Comment va-t-il ? (Il = Jacques.)

2. Le pronom personnel **le** (l') peut remplacer non seulement un nom ou un groupe nominal mais aussi un adjectif attribut ou une proposition :

Il ne t'aime pas ; j'espère que tu l'as compris.

Si tu es heureuse, je le suis aussi.

Dans ces exemples, le pronom personnel **le** est souvent appelé **pronom neutre.**

B3 Les pronoms *en* et *y*

a. Le pronom **en** s'emploie dans différentes fonctions :

● Comme complément d'objet direct, pour remplacer un nom précédé de l'article *des, un* ou *du* :

J'ai vu des tziganes. → J'en ai vus.
COD   COD

J'ai mangé du riz. → J'en ai mangé.

J'ai rencontré un musicien. → J'en ai rencontré un.

J'ai rencontré plusieurs musiciens. → J'en ai rencontré plusieurs.

REMARQUE. Lorsque le COD est accompagné par un adjectif indiquant une quantité, cet adjectif est repris à la fin de la phrase.

● Comme complément d'objet indirect avec des verbes se construisant avec la préposition **de,** tels : *parler de, dire de, savoir de, se douter de* :

Il parle toujours de son pays. → Il en parle toujours.
              COI   COI

Je me doutais qu'il ne viendrait pas. → Je m'en doutais.
              COI   COI

REMARQUE. Dans un registre de langue soutenu, on ne doit pas utiliser **en** pour remplacer un animé ; cependant, à l'oral notamment, on a tendance à utiliser *en* pour remplacer les animés et les inanimés :

Il dit du mal de ses amis. → Il en dit du mal.

● Comme complément circonstanciel de lieu indiquant la provenance (*venir de, sortir de,* etc.) :

Je sors de chez le coiffeur. → J'en sors.
        CC   CC

b. Le pronom **y** s'emploie :
● Comme complément d'objet indirect avec des verbes se construisant avec la préposition **à,** tels *penser à, tenir à, participer à* :

Il tient énormément à sa voiture. → Il y tient.
                COI   COI

Il a participé au match. → Il y a participé.
        COI   COI

REMARQUE. Le pronom **y** ne peut en principe remplacer qu'un inanimé : on dira :

Il pense à ses amis. → Il pense à eux.

et non : Il **y** pense.

● Comme complément circonstanciel de lieu avec des verbes indiquant la direction (*aller à, partir pour, se rendre à*) :

Je me rends à Londres. → Je m'y rends.
        CC   CC

B4   Le pronom *on*

Il ne s'emploie que pour désigner des êtres humains. Il est toujours en fonction **sujet.** Il peut avoir plusieurs significations :

a. Il signifie *tout le monde, n'importe qui* :

> <u>On</u> oublie vite !

b. Il signifie *quelqu'un* :

> <u>On</u> a frappé.

c. Il signifie *nous* :

> Ça va, <u>on</u> a compris.

d. Il peut signifier *tu, vous* :

> Alors, <u>on</u> est contente, <u>on</u> a réussi.
>
> (= Tu es contente, tu as réussi.)

C   *La place et l'accord des pronoms personnels*

C1   La place des pronoms personnels

a. Le pronom personnel complément d'objet direct du verbe se place devant le verbe :

> J'ai rencontré <u>le boucher</u>. → Je <u>l'</u>ai rencontré.
>   COD   COD

b. Lorsque le verbe est complété par deux pronoms, l'un complément d'objet direct, l'autre complément d'objet second, ils se placent ainsi :

● Les deux pronoms sont à la troisième personne ; l'ordre sera COD-COS :

> Pierre <u>le</u>   <u>lui</u> a donné.
>   COD COS

● Un pronom seulement est à la troisième personne ; l'ordre sera COS-COD :

> Pierre <u>me</u>   <u>l'</u>a donné.
>   COS COD

c. Les pronoms personnels précédés d'une préposition ont une mobilité comparable aux groupes nominaux compléments circonstanciels (voir page 56, B) :

Il a travaillé <u>pour eux</u> toute sa vie.

<u>Pour eux</u>, il a travaillé toute sa vie.

Il a travaillé toute sa vie <u>pour eux</u>.

d. Lorsque le verbe est à l'**impératif,** la position des pronoms personnels change selon que l'on utilise la forme affirmative ou négative :

Dis-<u>le</u> ! → Ne <u>le</u> dis pas !

Dis-<u>le</u>-<u>lui</u> ! → Ne <u>le</u> <u>lui</u> dis pas !

Dis-<u>le</u>-<u>moi</u> ! → Ne <u>me</u> <u>le</u> dis pas !

(Pour plus de détails concernant la place des pronoms personnels COD COI, voir *Complément d'objet second,* page 115, B2.)

C2   L'accord

a. L'attribut s'accorde en genre avec le pronom personnel selon le nom que celui-ci remplace :

Marie, vous êtes heureus**e** ?

b. Lorsque le verbe est à un temps composé, le participe passé s'accorde en genre et en nombre avec le pronom personnel complément d'objet direct :

Alors, <u>ces chaussures</u>, vous <u>les avez</u> achet**ées** ?
COD

c. Lorsque *on* signifie *nous,* l'attribut se met au pluriel et s'accorde en genre :

<u>On</u> est toujours fâché**es,** Marie et moi.

d. Quand les noms représentés sont de genres différents, on emploie le masculin pluriel *ils* :

<u>L'homme</u> et <u>la petite fille</u> se taisaient ; <u>ils</u> étaient aussi
masc.   fém.   masc. pl.
surpris l'un que l'autre.

II LES PRONOMS DÉMONSTRATIFS

A *La forme des pronoms démonstratifs*

Elle varie selon le genre et le nombre des êtres ou des choses qu'ils représentent. La fonction qu'ils occupent dans la phrase n'entraîne aucune variation de leur forme. Le tableau suivant présente l'ensemble des pronoms démonstratifs :

| | Singulier | | Neutre | Pluriel | |
	Masculin	Féminin		Masculin	Féminin
Formes simples	celui	celle	ce (c')	ceux	celles
Formes composées	celui-ci celui-là	celle-ci celle-là	ceci cela (ça)	ceux-ci ceux-là	celles-ci celles-là

Ce que vous me dites là m'inquiète (ce = la chose).

Le train de dix heures est déjà passé : prenez celui de midi !

Les melons sont tous très beaux, mais je ne vous conseille pas celui-ci, il n'est pas assez mûr.

Il s'est passé beaucoup de choses mais cela ne change rien à mes projets.

B *L'emploi des pronoms démonstratifs*

B1 Le pronom *ce (c')*

Il peut remplacer un groupe nominal ou une phrase tout entière :

C'est triste, une nuit sans étoiles.

GN
Nous avons perdu beaucoup d'argent ; c'est ennuyeux.

Le pronom *ce* peut signifier *la chose, l'événement,* etc. Dans ce cas, il est toujours suivi d'une proposition relative qui précise sa signification :

> Ce que j'ai vu m'a suffi (ce = le spectacle...).

REMARQUE. **Ce** associé à **être** sert à mettre en évidence un élément de la phrase (voir *Mise en relief,* page 160, II) : *c'est... qui, c'est... que.*

B2 Les pronoms *celui, ceux, celle, celles*

Ces pronoms sont, en règle générale, suivis d'une proposition subordonnée relative ou d'un groupe nominal complément de nom :

> Parmi tous les costumes de Pierre, je n'aime pas tellement celui qu'il a acheté en Italie.

> Comme je n'avais pas de perceuse, j'ai emprunté celle de mon voisin.

REMARQUE.

1. Les pronoms *celui* et *celle* peuvent représenter un non-animé, comme dans les exemples précédents, ou un animé, comme dans l'exemple suivant :

> Cette enfant n'est pas celle que j'ai vue hier.

2. *Celui* et *celle* suivis d'une relative peuvent signifier *toute personne qui* :
> Celui qui n'a jamais eu faim ne peut pas comprendre.

B3 Les pronoms *ceci, cela, ça*

Ils peuvent représenter un nom (le plus souvent non-animé) :

> L'hypocrisie, je déteste ça.

un infinitif :

> Dormir, j'adore ça.

ou une proposition tout entière :

> Marie est en retard, cela m'inquiète.

REMARQUE. *Ceci* est très peu utilisé dans la langue courante, on lui préfère *cela* et encore plus souvent **ça**. Il faut noter que *ça* est parfois employé dans un registre familier pour désigner des personnes ; le plus souvent il a un sens péjoratif :

> Les jeunes, ça ne fait attention à rien.

B4 **Les pronoms** *celui-ci, celui-là, celle-ci, celle-là*

Ils remplacent des groupes nominaux dont le nom désigne un animé ou un non-animé :

De tous ces tableaux, c'est celui-ci que je préfère.

Si vous cherchez un chien d'appartement, prenez celui-ci.

> REMARQUE. Normalement *celui-ci* désigne un être ou un objet proche, que l'on peut voir ou dont on vient de parler ; *celui-là* évoque un être ou un objet plus éloigné, qui n'est pas présent ou dont on a parlé il y a plus longtemps. En fait, on a de plus en plus tendance à ne pas faire de distinction entre *celui-ci* et *celui-là* ; ce dernier pronom est le plus utilisé souvent d'ailleurs sous la forme « *çuila* » :
>
> Ah ! « çuila », quel menteur !

III LES PRONOMS POSSESSIFS

A *La forme des pronoms possessifs*

Comme celle des pronoms personnels, elle varie selon la personne, le genre et le nombre. Le choix de la personne dépend de celui qui possède l'être ou l'objet dont on parle :

Ce livre, c'est le mien (c'est un livre qui appartient à celui qui parle). _{1re pers.}

Ce livre, c'est le tien (c'est un livre qui appartient à celui à qui l'on s'adresse). _{2e pers.}

Le genre et le nombre des pronoms possessifs dépendent de l'être ou de la chose désignés par le pronom :

Donne-moi ta raquette, j'ai prêté la mienne.
fém. sing.

On a volé mes bijoux, mais on n'a pas touché aux tiens.
masc. pl.

			CE QUI EST POSSÉDÉ			
			Singulier		**Pluriel**	
			Masculin	Féminin	Masculin	Féminin
CELUI QUI POSSÈDE	**singulier**	1re pers.	le mien	la mienne	les miens	les miennes
		2e pers.	le tien	la tienne	les tiens	les tiennes
		3e pers.	le sien	la sienne	les siens	les siennes
	pluriel	1re pers.	le nôtre	la nôtre	les nôtres	les nôtres
		2e pers.	le vôtre	la vôtre	les vôtres	les vôtres
		3e pers.	le leur	la leur	les leurs	les leurs

B *Pronoms et adjectifs possessifs*

Les pronoms possessifs de 1re et 2e personnes du pluriel se distinguent des adjectifs possessifs non seulement par la présence de l'article *(le, la, les)* mais aussi par l'accent circonflexe sur le **o** : *nôtre, vôtre.*

Il faut bien distinguer le pronom possessif **leur** de l'adjectif possessif **leur** :

Ils tenaient leur fils par la main.
<u>adj. poss.</u>

Leurs yeux brillaient de colère.
<u>adj. poss.</u>

REMARQUE. Il faut, d'autre part, prendre garde à ne pas confondre le **pronom** ou l'**adjectif possessif** *leur(s)* (pluriel de *son*...) avec le **pronom personnel** *leur* (pluriel de *lui*). *Leur,* pronom personnel, est **invariable :**

Nos habits étaient déchirés, les leurs étaient tout neufs.
<u>pron. poss.</u>

Il ne faut pas **leur** parler durement, ils sont encore bien jeunes.
<u>pron. pers.</u>
invariable

En cas de doute, on peut toujours mettre la phrase au singulier où les formes sont différentes :

Nos habits étaient neufs, **les siens** étaient tout déchirés.
<u>pron. poss.</u>

Il ne faut pas **lui** parler durement, il est encore bien jeune.
<u>pron. pers.</u>

213

IV LES PRONOMS INTERROGATIFS

A La forme des pronoms interrogatifs

Elle varie selon que la question porte sur une personne, sur un animal ou sur un objet. Elle dépend, d'autre part, de la fonction qu'occupe le pronom interrogatif dans la phrase. On distinguera les formes simples (*qui, que, quoi*) et les formes complexes (*est-ce qui, est-ce que...*).

A1 Formes simples

	Personnes	Objets
sujet	qui	
COD	qui	que
COI	à, de qui	à, de quoi
CC	préposition + qui	préposition + quoi

Quelques exemples :

- Qui a donc cassé ce vase ? - Paul.
  sujet   (personne)

- Qui avez-vous vu ? - Le directeur.
  COD   (personne)

- Qu'avez-vous vu ? - Un accident.
  COD   (chose)

- A qui avez-vous parlé ? - Au boulanger.
  COI   (personne)

- De quoi avez-vous parlé ? - De son travail.
  COI   (chose)

- Avec qui as-tu dansé ? - Avec Marie.
  CC   (personne)

- Avec quoi as-tu cassé les noix ? - Avec une pierre.
  CC   (chose)

Le pronom relatif *qui* s'emploie pour poser une question à propos d'un être humain (parfois un animal) quelle que soit la fonction qu'il occupe ; il se combine avec toutes les prépositions (*à, de, pour,* etc.). *Que* et *quoi* s'emploient lorsque la question porte sur des objets (parfois sur un animal). *Que* s'emploie sans préposition et *quoi* s'emploie toujours lorsqu'il y a une préposition. *Que* ne peut s'employer en fonction sujet ; dans ce cas, c'est la forme complexe *qu'est-ce qui* qui sera utilisée.

A2 Formes complexes

	Personnes	**Objets**
sujet	qui est-ce qui	qu'est-ce qui
COD	qui est-ce que	qu'est-ce que
COI	à, de qui est-ce que	à, de quoi est-ce que
CC	prép. + qui est-ce que	prép. + quoi est-ce que

Quelques exemples :

1 - <u>Qui est-ce qui</u> est passé ? - <u>Le plombier.</u>
   sujet   (personne)

2 - <u>Qu'est-ce qui</u> ne va pas ? - <u>Un fil débranché.</u>
   sujet   (chose)

3 - <u>Qui est-ce que</u> tu viens de saluer ? - <u>Le maire.</u>
   COD   (personne)

4 - <u>Qu'est-ce que</u> tu nous racontes ? - <u>Rien de neuf.</u>
   COD   (chose)

5 - <u>A qui est-ce que</u> tu penses ? - A mon <u>père.</u>
   COI   (personne)

6 - <u>A quoi est-ce que</u> tu penses ? - A mes <u>vacances.</u>
   COI   (chose)

7 - <u>Avec qui est-ce que</u> tu sors ? - Avec mon <u>frère.</u>
   CC   (personne)

8 - <u>En quoi est-ce que</u> tu es venu ? - En <u>vélo.</u>
   CC   (chose)

Lorsque la question porte sur des personnes, c'est toujours la forme *qui est-ce...* qui est utilisée. Cette forme est suivie de *qui* en fonction sujet (exemple 1), de *que* dans les autres fonctions (exemple 3).

En revanche, lorsque la question porte sur des objets, on trouve toujours la forme *qu'est-ce...* (exemples 2 et 4) ou *quoi est-ce* (après préposition) (exemples 6 et 8). En fonction sujet, on ajoute *qui*, en fonction complément, on utilise *que*.

 Dans **l'interrogation indirecte** on ne doit pas utiliser les formes complexes des pronoms interrogatifs : à la place de *qui est-ce qui*, on doit employer *ce qui* ; à la place de *qu'est-ce que*, on doit employer *ce que* :

> Dis-moi ce qui s'est passé.
> * Dis-moi qu'est-ce qui s'est passé.

> Dis-moi qui est venu.
> * Dis-moi qui est-ce qui est venu.

> Je ne sais pas ce que vous voulez.
> * Je ne sais pas qu'est-ce que vous voulez.

> Je ne me rappelle plus qui j'ai vu.
> * Je ne me rappelle plus qui est-ce que j'ai vu.

LES PRONOMS RELATIFS

(Voir *Propositions subordonnées,* page 221, D.)

LES PROPOSITIONS SUBORDONNÉES

Ce qu'il faut savoir

● Les propositions subordonnées comportent toujours un élément **verbal** (verbe conjugué, infinitif ou participe).

● Elles peuvent compléter soit un nom, soit le verbe de la proposition principale. Lorsqu'elles complètent un nom, ce sont des **subordonnées relatives ;** lorsqu'elles complètent le verbe, ce sont des **subordonnées conjonctives.**

● Les subordonnées conjonctives peuvent jouer, par rapport à la principale :

- soit le rôle d'un complément essentiel (COD, sujet, COI) ; dans ce cas, on les nommera **subordonnées complétives ;**

- soit le rôle d'un complément non essentiel ; dans ce cas, on les appellera **subordonnées circonstancielles.**

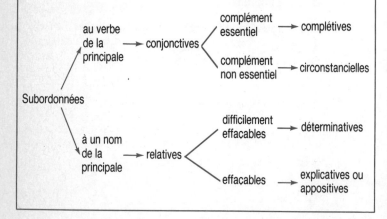

| LES SUBORDONNÉES RELATIVES

A | *La subordonnée relative :*
expansion du groupe nominal

La subordonnée relative complète un nom ou un groupe nominal appartenant à la proposition principale : elle fait partie des expansions du nom au même titre que le complément du nom et l'adjectif.

Est-ce que tu as revu le garçon qui t'a fait danser hier ?

V   GN   relative expansion
COD ←—————————|

La proposition relative *qui t'a fait danser hier* détermine le groupe nominal *le garçon*. Ce groupe nominal est le complément d'objet direct du verbe *a revu,* noyau de la proposition principale.

On pourrait remplacer la relative :

1. par un complément du nom :

Est-ce que tu as revu le garçon aux yeux bleus ?

GN   GN expansion

2. par un adjectif épithète :

Est-ce que tu as revu le gros   garçon ?

adj.   N
épithète

➜ Parmi toutes les expansions du groupe nominal, la proposition relative est sans doute celle qui apporte au GN la plus forte information, qui le détermine de la façon la plus précise. Il est sans aucun doute plus facile de savoir de quel garçon il s'agit à partir de :

Le garçon qui t'a fait danser hier.

qu'à partir de :

Le garçon aux yeux bleus.

et encore moins à partir de :

Le gros garçon.

B | Relatives déterminatives et relatives explicatives

B1 | La relative déterminative

Nous avons tous peur des années qui arrivent.

relative déterminative

La relative déterminative *qui arrivent* permet de savoir de quelles années on veut parler. Si l'on essaie de supprimer la relative, la phrase n'est plus complète :

★ Nous avons tous peur des années

La relative déterminative complète de façon souvent indispensable un nom ou un groupe nominal de la principale.

B2 | La relative explicative (appositive)

L'enfant, qui commençait à se fatiguer, nageait avec difficulté.   relative explicative

La relative explicative *qui commençait à se fatiguer* apporte une information à propos du GN *l'enfant.* Mais cette information n'est pas indispensable à la phrase ; si l'on supprime la relative explicative, la phrase reste acceptable :

L'enfant nageait avec difficulté.

> REMARQUE.
>
> 1. La relative explicative est généralement encadrée par deux virgules (ou pauses, à l'oral) ; en ce sens, elle se rapproche de l'apposition et ce type de relative est souvent appelée appositive.
>
> 2. Les relatives explicatives ou appositives informent souvent sur la cause de l'événement exprimé par la principale :
>
> L'homme que la colère gagnait se leva d'un bond.
>   cause
>
> Le loup, qui avait faim, sortit du bois.
>   cause

C | Mécanisme de la subordination relative

Il m'a présenté l'homme **qui** lui avait sauvé la vie.

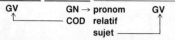

Le GN *l'homme* est le complément d'objet direct du verbe *a présenté* qui constitue le noyau de la proposition principale : *il m'a présenté*

l'homme. Le GN *(l'homme)* est immédiatement suivi du pronom relatif *qui* : celui-ci représente *l'homme* et occupe la fonction de sujet du verbe *avait sauvé,* noyau de la proposition subordonnée. On dira que *l'homme* est **l'antécédent** du pronom relatif *qui.*

➡ En fait, la construction relative est un moyen permettant à un nom qui a déjà une fonction dans une proposition d'en assurer une autre à l'intérieur d'une proposition différente. Pour atteindre ce résultat, on fait suivre ce nom d'un pronom particulier, appelé **pronom relatif**, qui va jouer un nouveau rôle dans la subordonnée.

A partir de deux phrases :

Il m'a présenté un homme.
COD

L'homme lui avait sauvé la vie.
sujet

on obtient une seule phrase grâce au pronom relatif :

Il m'a présenté l'homme **qui** lui avait sauvé la vie.

Cette procédure est appelée **enchâssement**.

D | *Les différents pronoms relatifs*

D1 Les pronoms relatifs simples

● **qui** est sujet :

Je lui ai acheté une poupée **qui** pleure.
sujet → V

● **que** est complément d'objet direct :

Je t'ai acheté la poupée **que** tu désirais depuis longtemps.
COD → V

● **où** est complément circonstanciel de lieu (parfois de temps) :

Je l'ai déposé à l'endroit **où** il voulait aller.
CCL → V

C'était l'hiver **où** il est mort.
CCT → V

● **dont** peut remplir plusieurs fonctions :

a. complément du nom :

Il monta sur le bateau **dont** les voiles étaient déjà hissées.

C. de nom ⬏ (= les voiles *du* bateau.)

b. complément d'un adjectif :

Il m'a montré le livre **dont** il était fier.

comp. de l'adj. ⬏
(= fier *du* livre.)

c. complément d'objet indirect :

Il en vint au sujet **dont** il voulait me parler.

COI ⬏
(= parler *du* sujet.)

d. complément d'agent :

Elle regardait les victuailles **dont** l'armoire était remplie.

comp. d'agent ⬏

(= était remplie de victuailles.)

REMARQUE.
1. En construction active, nous aurions :

Elle regardait les victuailles qui remplissaient l'armoire.
sujet   COD

2. Chaque fois que l'on utilise le relatif **dont,** la relation exprimée comporte la préposition **de**.

D2 Les pronoms relatifs composés

Genre et nombre	Pronoms relatifs composés	+ à	+ de	+ avec
masc. sing.	lequel	auquel	duquel	avec lequel
fém. sing.	laquelle	à laquelle	de laquelle	avec laquelle
masc. pl.	lesquels	auxquels	desquels	avec lesquels
fém. pl.	lesquelles	auxquelles	desquelles	avec lesquelles

C'est bien l'homme auquel je pense. (à + lequel.)

La femme de laquelle on dit tant de mal habite cette maison.

C'est la voiture avec laquelle il a gagné.

REMARQUE. Dans les exemples ci-dessus, on ne peut remplacer *lequel* par *qui* que dans les deux premiers :

L'homme à qui je pense.

La femme de qui on dit tant de mal...

Ceci tient au fait que *qui* ne peut remplacer *lequel* après une préposition que si l'antécédent est une personne.

★ C'est la voiture avec qui il a gagné.

E | *Accord, fonction, modes dans la subordonnée relative*

E1 Le pronom relatif transmet au groupe verbal de la subordonnée le genre et le nombre de son antécédent :

J'ai revu cette femme **qui** était si belle.
fém. sing.

E2 Le pronom relatif **que,** lorsqu'il est le complément d'objet direct d'un verbe conjugué à un temps composé, impose le genre et le nombre dont il est porteur au participe passé du verbe :

Les pommes **que** tu as rapport**ées** sont excellentes.
fém. pl.

E3 Lorsque l'antécédent du pronom relatif est un pronom personnel, le pronom relatif est porteur de la personne du pronom personnel, qu'il transmet au verbe de la subordonnée

C'est moi **qui** l'**ai** attrapé !
1re pers.

★ C'est moi qui l'a attrapé !

E4 Lorsque la fonction du pronom relatif est difficile à trouver, on devra chercher les deux phrases qui ont permis de procéder à l'enchâssement :

Jacques acheta une voiture **dont** le prix lui avait semblé raisonnable.

Cette phrase se décompose en :

Jacques acheta une voiture.

Le prix de la voiture lui avait semblé raisonnable.

⌐compl. du nom

Dont, substitut de *voiture,* est, dans la proposition relative, complément du nom *prix.*

E5 On rencontre des phrases où le pronom n'a pas d'antécédent, celui-ci n'étant pas nécessaire :

Qui vole un œuf vole un bœuf. (= Celui qui...)

Je voterai pour **qui** me promettra moins d'impôts.
(= pour l'individu qui me promettra...)

⚠ **E6** **Le sujonctif dans les relatives**

Le verbe de la relative se met souvent à l'**indicatif.**

Nous saisirons la première occasion qui se présentera.

Cependant, on mettra la relative au **subjonctif :**

● quand elle se trouve après un superlatif relatif (voir *Adjectif qualificatif,* page 28, II B1), tel que *le premier, le seul, le plus...* :

C'est l'homme le plus amusant que nous ayons jamais rencontré.

★ (que nous avons jamais rencontré)

● quand la relative exprime un désir, une intention :

Je veux construire un coffre où l'on puisse ranger tous tes livres.

★ (où l'on peut ranger...)

● quand la relative se trouve après *ne... que, seulement...* ;

Je ne connais qu'une personne qui soit capable de vous aider.

★ (qui est capable...)

II LES SUBORDONNÉES CONJONCTIVES

Les conjonctives sont des propositions comportant un noyau verbal ;
elles sont les **compléments du verbe** de la principale.
Parmi les conjonctives, on distingue les **complétives** et les **circonstancielles**.

A Les complétives

A1 Les subordonnées complétives sont introduites par la conjonction de subordination **que** :

Je vois **que** tu as fini ton travail.

A2 Les complétives peuvent être objet ou sujet du verbe de la principale.

a. Complément d'objet direct :

Il m'annonce qu'il se marie bientôt.
V · · · · · · · · · · · COD

On pourrait remplacer la complétive par un groupe nominal qui remplirait la même fonction de complément d'objet direct :

Il m'annonce son prochain mariage.
V · · · · · · · · · GN COD

b. Sujet :

Qu'il ne soit pas venu ne constitue pas une surprise.
· · · · · · · · · sujet · · · · · V

On peut remplacer la complétive par un groupe nominal en fonction sujet :

Son absence ne constitue pas une surprise.
GN sujet · · · · · V

A3 Les subordonnées complétives sont le résultat de **l'enchâssement** de deux phrases :

Nous avons appris avec effroi.

Un cyclone a ravagé Haïti.

On obtient par l'enchâssement des deux phrases :

Nous avons appris avec effroi **qu'**un cyclone a ravagé Haïti.

A4 Certains groupes nominaux sont suivis d'une proposition subordonnée complétive. Il s'agit de noms qui expriment une action en cours et qui proviennent le plus souvent d'un verbe. Leur sens est d'ailleurs très proche de celui d'un verbe :

La pensée qu'il allait être arrêté le terrorisait.

action   complétive
en cours

(Il pensait qu'il allait être arrêté...)

J'ai la preuve qu'il a bien volé la voiture.

    action   complétive
    en cours

Il vivait avec la conviction profonde que sa femme allait le

      action en cours   complétive   quitter.

A5   **Les modes dans les complétives**

Le verbe de la subordonnée complétive se met à l'indicatif ou au subjonctif selon le sens du verbe principal.

a. A l'indicatif

Le verbe de la complétive se met à l'indicatif lorsque le verbe de la principale exprime une déclaration, un jugement ou une connaissance (*dire, raconter, expliquer, savoir, croire, apprendre*...) :

Je pense qu'il fera chaud cet été.

opinion   indicatif futur

Lorsque la phrase est à la forme interrogative ou négative, on peut utiliser soit le subjonctif, soit l'indicatif :

Je ne pense pas qu'il fasse beau cet été.

ou   Pensez-vous qu'il fasse beau cet été ?

    Pensez-vous qu'il fera beau cet été ?

b. Au subjonctif

Le verbe de la complétive se met au subjonctif lorsque celui de la principale exprime la volonté, le désir, le refus, la crainte (*vouloir, ordonner, désirer, interdire, craindre*...) :

Je souhaite vraiment qu'il aille voir un médecin.

désir   subj.

Après les verbes comme *craindre* et *avoir peur,* on peut utiliser dans la complétive la négation **ne** sans pour autant donner un sens négatif à la phrase.

> Je crains qu'il **ne** vienne. (= Je crains qu'il vienne.)

Si l'on désire mettre la complétive à la forme négative, on devra écrire :

> Je crains qu'il ne vienne pas.

B | *Les circonstancielles*

Les propositions subordonnées circonstancielles peuvent remplir la plupart des fonctions circonstancielles du groupe nominal (voir *Complément circonstanciel*, page 62, IV) : temps, cause, but, etc.
Ces subordonnées circonstancielles ont d'ailleurs, en général, une mobilité dans la phrase comparable à celle des GN compléments circonstanciels.

B1   Les subordonnées circonstancielles de temps

a. Elles sont introduites par des conjonctions de subordination telles que : *quand, alors que, tant que, dès que, aussitôt que, pendant que, avant que, depuis que,* etc.

| REMARQUE. Beaucoup de ces conjonctions sont composées d'une préposition accompagnée de la subordination **que** : *dès que, après que,* etc.

b. Selon la conjonction de subordination utilisée, on présente l'action du verbe principal comme se passant *avant, pendant* ou *après* celle évoquée par le verbe de la subordonnée.

● **Avant :**

principale

subordonnée

> Je vais jouer au tennis **avant qu'**il ne fasse nuit.

principale   subordonnée

> Elle reste dans la cour **jusqu'à ce qu'**on l'appelle.

principale   subordonnée

● **Pendant :**

principale
subordonnée

> **Quand** sa mère n'est pas là, il en profite pour manger.

subordonnée   principale

> J'y vais **pendant que** vous faites le guet.

principale   subordonnée

● **Après :**

```
                                              principale
                              subordonnée
```

Une fois qu'il eut terminé ses devoirs, il prit ses skis et
sortit.　　　　　　　　　subordonnée　　　　　　principale

Depuis que sa femme est partie, il grossit.
　　　　　subordonnée　　　　principale

 c. Le mode dans les circonstancielles de temps

En règle générale, le verbe de la circonstancielle de temps se met à
l'indicatif lorsque l'action du verbe principal est présentée comme
ayant lieu **après** ou **pendant** celle exprimée par le verbe subordonné :

Dès que le soleil se fut levé, il bondit de son lit.
　　　　　　　　indicatif

Marchons **tant que** nous en avons le courage.
　　　　　　　　　　indicatif

En revanche, le verbe de la circonstancielle se met au **subjonctif**
lorsque l'action du verbe principal se situe **avant** celle du verbe de
la subordonnée :

Allons-y **avant qu**'ils aient fini le gâteau.
　　　　　　　subjonctif

Bien que la règle veuille l'**indicatif** avec **après que,** on utilise souvent
le **subjonctif :**

Vous rentrerez **après que** vous aurez terminé la vaisselle.
　　　　　　　　　　　indicatif

Vous rentrerez **après que** vous ayez terminé la vaisselle.
　　　　　　　　　　　subjonctif

B2　Les subordonnées circonstancielles de cause

a. Elles sont introduites par des conjonctions de subordination telles
que : *parce que, comme, du moment que, non pas que, étant donné
que, sous prétexte que,...*

Vu que tu ne m'écoutes pas, tu ne risques pas de
comprendre.　　subordonnée　　　　　principale

Je me dépêche **parce que** je crains d'être en retard.
　　principale　　　　　　　　subordonnée

b. La circonstancielle de cause a en général une certaine mobilité dans la phrase :

Puisque tu sais tout, parle !

<u>subordonnée</u> <u>principale</u>

Parle, **puisque** tu sais tout !

<u>principale</u> <u>subordonnée</u>

Cependant :

● La subordonnée introduite par **comme** se place obligatoirement en tête :

Comme le jardin est petit, nous n'avons pas d'arbres.

<u>subordonnée</u> <u>principale</u>

● La subordonnée introduite par **parce que** termine le plus souvent la phrase :

Il n'est pas venu **parce qu'**il était malade.

<u>principale</u> <u>subordonnée</u>

● Celle introduite par **vu que, attendu que,** etc., est généralement en tête :

Attendu que Madame Martin avoue avoir tué son mari,

<u>subordonnée</u>

elle sera jugée pour homicide volontaire.

<u>principale</u>

c. Le verbe de la circonstancielle de cause se met à **l'indicatif** sauf dans le cas où l'on utilise la conjonction **non (pas) que** :

Je ne le ferai pas, **non pas que** je n'en <u>sente</u> pas l'intérêt, mais par pure paresse.   subj.

Mais :

Je ne le ferai pas, **non pas parce que** je n'en <u>sens</u> pas l'intérêt mais par pure paresse.   ind.

REMARQUE. Après **parce que** et **puisque,** lorsque la subordonnée comporte un **attribut,** le sujet et l'élément verbal de la subordonnée peuvent être omis :

Il a été éliminé <u>parce que</u> X trop jeune.

(= parce qu'il était trop jeune.)

B3 Les subordonnées circonstancielles de but

a. Elles sont introduites par des conjonctions de subordination telles que : *pour que, afin que, de peur que...*

Je vous ai fait venir **pour que** vous le grondiez.
<u>principale</u>   <u>subordonnée</u>

b. Généralement, la circonstancielle de but se place en fin de phrase :

Il fait tout ce qu'il peut **pour que** tu réussisses.
                                          <u>subordonnée</u>

On peut parfois la placer en tête, pour la mettre en valeur :

Afin qu'il soit à l'aise, je l'installai près du maire.
      <u>subordonnée</u>

c. Le verbe de la circonstancielle de but se met au subjonctif :

Nous vous avertissons **de sorte que** vous ne <u>soyez</u> pas surpris.

B4 Les subordonnées circonstancielles d'opposition ou de concession

a. Elles sont introduites par des conjonctions telles que : *quoique, bien que, alors que, même si, quand bien même, tout (+ adj.) que, malgré que...*

Si <u>riche</u> **qu**'il soit, il ne pourra l'acheter.
      <u>subordonnée</u>   <u>principale</u>

b. Le verbe de la circonstancielle d'opposition ou de concession se met au subjonctif dans la plupart des cas :

Elle a disparu **sans que** nous nous en <u>apercevions</u>.
                                          <u>subjonctif</u>

Cependant, il se met :

1. à l'**indicatif** avec **même si, alors que, tout (adj.) que** :

Il dribble **alors qu**'il <u>doit</u> tirer.
                        <u>indicatif</u>

Il ira **même si** cela le <u>rend</u> malade.
                        <u>indicatif</u>

2. au **conditionnel** après **quand bien même :**

> **Quand bien même** nous <u>gagnerions</u> ce match, cela ne nous
>
> conditionnel
>
> empêcherait pas de perdre le championnat.

c. Après **quoique** et **bien que,** lorsque la subordonnée comporte un **attribut,** le sujet et l'élément verbal de la subordonnée peuvent être omis :

> **Quoique** <u>très à l'aise</u>, il dépense peu.
>
> subordonnée
>
> (= Quoi qu'il soit très à l'aise...)

B5   Les subordonnées circonstancielles de condition

a. Elles sont introduites par des conjonctions telles que : *si, pourvu que, pour peu que, à supposer que, selon que, suivant que, à moins que, au cas où,* etc.

> **Selon qu**'<u>il fera beau ou non</u>, <u>nous sortirons en bateau ou</u>
>
> subordonnée   principale
>
> <u>resterons ici</u>.

b. Modes utilisés dans les subordonnées de condition

● **L'indicatif** après **si, selon que, suivant que,** etc. :

> **Si** vous <u>venez</u>, je serai heureuse.
>
> indicatif
présent
>
> **Si** vous <u>veniez</u>, je serais heureuse.
>
> indicatif
imparfait

● **Le conditionnel** après **au cas où, quand bien même :**

> Je laisse ouvert **au cas où** il <u>viendrait</u>.
>
> conditionnel

● **Le subjonctif** dans tous les autres cas :

> Il deviendra riche **pourvu qu**'il ne <u>fasse</u> pas d'erreurs.
>
> subjonctif
>
> **Pour peu que** vous le <u>laissiez</u> faire, il vous ruinera.
>
> subjonctif

c. Concordance des temps dans les subordonnées de condition

La subordonnée circonstancielle de condition introduite par la conjonction **si** voit le temps de son verbe varier en fonction du temps du verbe de la principale.

1. Le verbe de la principale est à **l'indicatif** ; celui de la subordonnée est au même temps que celui de la principale :

Si tu te conduis ainsi, tu perds toute chance de réussir.
présent   présent

Si tu t'es conduit ainsi, tu as perdu toute chance de réussir.
passé composé   passé composé

⚠ 2. Lorsque le verbe de la principale est au **futur,** le verbe de la subordonnée reste au **présent :**

Si tu te conduis ainsi, tu perdras toute chance de réussir.
présent   futur

⚠ 3. Le verbe de la principale est au **conditionnel.**

● Lorsqu'il est au **conditionnel présent,** celui de la subordonnée se met à **l'imparfait de l'indicatif :**

Si j'avais de l'argent, j'achèterais une voiture.
imparfait   conditionnel
indicatif   présent

On ne dit jamais :

★ Si j'aurais de l'argent, j'achèterais une voiture.

● Lorsque le verbe de la principale est au **conditionnel passé** celui de la subordonnée est au **plus-que-parfait de l'indicatif :**

Si j'avais eu de l'argent, j'aurais acheté une voiture.
plus-que-parfait   conditionnel
indicatif   passé

On ne dit jamais :

★ Si j'aurais eu de l'argent, j'aurais acheté une voiture.

REMARQUE. On peut marquer la condition en n'utilisant par de conjonction de subordination et en mettant le verbe de la circonstancielle au conditionnel :

Vous me l'**auriez dit** avant, je vous **aurais gardé** une place.
conditionnel   conditionnel

(= Si vous me l'**aviez dit** avant, je vous **aurais gardé** une place.)

B6   Les subordonnées circonstancielles de comparaison

a. Elles sont introduites par *comme, de même que, aussi que* et par la conjonction *que* précédée par *tel* (+ adj.), *aussi* + adj., *moins* + adj., etc.

> Il a agi **comme** je le lui avais dit.

principale   subordonnée

b. Le verbe de la subordonnée de comparaison est normalement à l'**indicatif.**

> Le temps est **moins** mauvais **qu'**on ne l'avait annoncé aux informations.

                                        indicatif

Cependant, lorsque la subordonnée est présentée comme une simple hypothèse, le verbe se met souvent au **conditionnel :**

> Ils ont **mieux** joué **que** je ne l'aurais cru.

                                        conditionnel

III   LES PROPOSITIONS INFINITIVES ET PARTICIPIALES

Les subordonnées relatives, complétives et circonstancielles peuvent présenter, au lieu d'un verbe conjugué, un verbe à l'infinitif, un participe présent, un participe passé.

A   *Les subordonnées infinitives*

A1   La relative à l'infinitif

> Il regardait par la fenêtre | les enfants jouer dans la cour.
> sujet
> COD

On observe, dans cet exemple, deux noyaux verbaux :

regardait : verbe de la principale dont le sujet est *il,* le complément d'objet *les enfants* et le complément circonstanciel *par la fenêtre ;*

jouer : verbe de la subordonnée dont *dans la cour* constitue le complément circonstanciel et *les enfants* le sujet.

Les deux noyaux verbaux ont un élément en commun : *les enfants*, objet de *regardait* et sujet de *jouer*. Une telle phrase équivaut à :

> Il regardait par la fenêtre les enfants **qui** jouaient dans la cour.

Le pronom relatif *qui* remplace *enfants*.

➔ On dira donc que la relative à l'infinitif a une construction du même type que la relative avec un verbe conjugué ; l'absence du pronom relatif a pour conséquence qu'un même mot est à la fois objet du verbe de la principale et sujet du verbe à l'infinitif.

REMARQUE. Cette construction n'est possible qu'avec des verbes tels que : *regarder, voir, entendre, apercevoir, écouter, sentir...*

A2 La complétive à l'infinitif

Lorsque le sujet du verbe de la subordonnée est le même que celui de la principale, on peut transformer le verbe de la complétive en un infinitif sans sujet exprimé.

<u>Jacques</u> pense ⎱
<u>Jacques</u> viendra ⎰ ⇒ Jacques pense venir.
(ou : Jacques pense qu'il viendra)

mais :

Jacques pense ⎱
Pierre viendra ⎰ ⇒ Jacques pense que Pierre viendra.

REMARQUE.

1. En règle générale, la transformation infinitive est obligatoire avec des verbes comme *désirer* qui sont suivis d'un verbe subordonné au subjonctif.

★ Il désire qu'il vienne.

Si les deux verbes désignent la même personne, on dira :

Il désire <u>venir</u>.

Avec les autres verbes, elle est facultative.

2. Selon le verbe, la transformation infinitive est parfois introduite par **de** :

J'attends **d'**être prêt.

A3   La circonstancielle à l'infinitif

Lorsque le verbe de la circonstancielle a le même sujet que celui de la principale, la transformation infinitive est fréquente.

a. Circonstancielles de temps *(avant de, après...)* :

> Avant que je ne me décide, je veux connaître votre opinion.
> Avant de me décider, je veux connaître votre opinion.

b. Circonstancielles de cause *(pour, faute de...)* :

> Il a eu une amende parce qu'il avait brûlé le feu.
> Il a eu une amende pour avoir brûlé le feu.

c. Circonstancielles de but *(pour, en vue de, de peur de...)* :

> Je suis venu afin de vous dire bonjour.

d. Circonstancielles d'opposition ou de concession *(sans, au lieu de...)* :

> Il est parti sans nous prévenir.

B   Les subordonnées participiales

B1   Le participe présent

Les subordonnées relatives et circonstancielles peuvent comporter à la place d'un verbe conjugué un participe présent. On distingue alors deux cas :

a. La proposition principale et la proposition subordonnée ont **le même sujet.**

> Des hommes hurlant dans des porte-voix s'avançaient vers
>   **sujet**
> nous.

On distingue deux noyaux verbaux :

- *s'avançaient* dont le sujet est *des hommes* et *vers nous* le complément circonstanciel ;

- *hurlant* qui a pour complément circonstanciel *dans des porte-voix* et pour sujet *des hommes*.

Les deux propositions qui s'organisent chacune autour d'un noyau verbal ont en commun un même élément : *des hommes* à la fois sujet de *s'avançaient* et sujet de *hurlant.*

Cette construction équivaut à une subordonnée relative :

> <u>Des hommes</u>, <u>qui hurlaient</u> dans des porte-voix, s'avan-
> **sujet**   **V**
> çaient vers nous.

b. Les deux propositions ont **deux sujets différents.**

> <u>De nombreuses personnes partant très tôt,</u>
>
> <u>il est sage d'aller se coucher.</u>
>   **principale**

La proposition *de nombreuses personnes partant très tôt* joue le rôle d'une circonstancielle de cause ; elle possède son sujet propre (contrairement à la participiale de type relatif) : *de nombreuses personnes.*

REMARQUE. De nombreux participes présents peuvent fonctionner comme des adjectifs. Dans ce cas, ils s'accordent en genre et en nombre avec le nom qu'ils qualifient.

Cette conférence fut <u>assommante</u>.

(On parle alors d'adjectif verbal, voir *Adjectif qualificatif,* page 19, B4.)

B2   Le gérondif

Le participe présent précédé de la préposition **en** est appelé **gérondif.** Il équivaut à une proposition circonstancielle dont le sujet est le même que celui de la principale :

> <u>Tout en mangeant</u>, <u>il l'observait en dessous.</u>
> **subordonnée ← sujet ⟶ principale**
> (= Pendant qu'il mangeait, il l'observait.)

On ne dit pas :

★ En sautant dans le train, son sac tomba par terre.

Le sujet (sous-entendu) de la subordonnée (*elle* ou *lui*) n'est pas le même que celui de la principale *(le sac).*

B3 Le participe passé

De même que le participe présent, le participe passé peut être le noyau d'une subordonnée équivalant soit à une relative, soit à une circonstancielle :

a. La décision, prise à cette époque par le tribunal, ne fut

      sujet ————————————↑subordonnée   ↑

jamais mise en cause.

Cette phrase équivaut à une subordonnée relative :

La décision qui fut prise à cette époque par le tribunal ne

fut jamais mise en cause.

b. Son repas à peine terminé, il sortit.

    subordonnée   principale
    circonstancielle de temps

(= Dès qu'il eut terminé son repas, il sortit.)

La proposition organisée autour du participe passé *terminé* est une circonstancielle de temps.
On peut aussi trouver des participiales subordonnées circonstancielles de cause :

Éjecté de la voiture, il s'en tira indemne.

(= Comme il avait été éjecté de la voiture, il s'en tira indemne.)

→   On retiendra que l'infinitif, le participe présent et le participe passé peuvent recevoir tous les compléments du verbe (COD, COI, COS, CC, complément d'agent) ; ils peuvent constituer les noyaux d'une subordonnée infinitive ou participiale de type relatif ou circonstanciel (infinitif, participe présent et participe passé) ou de type complétif (infinitif).

LE SUJET

Ce qu'il faut savoir

● Le sujet est un **constituant obligatoire** de la phrase. Il forme avec le verbe ce que l'on appelle la phrase simple :

Le bateau s'éloigne.

● Le groupe sujet informe celui à qui l'on parle (ou à qui l'on écrit) de ce dont on parle ; le groupe verbal indique ce que l'on dit du sujet.

● Le sujet commande l'accord du verbe : le verbe s'accorde en genre et en nombre avec le sujet :

Les soldats marchaient au pas.

● Le sujet se place généralement avant le verbe (à la gauche du verbe) ; sa place permet de le distinguer du complément d'objet direct (COD) qui, lui, se situe à droite du verbe :

Jean a pêché des écrevisses.

sujet   COD

QU'EST-CE QUE LE SUJET ?

On rencontre plusieurs façons de présenter le sujet.

A *Le sujet, c'est ce dont on parle,*
ou encore : de qui on parle.

La phrase peut alors se découper en deux : le **sujet** et le **prédicat.**
Le prédicat est ce qu'on dit du sujet.

<u>Les animaux affolés</u> fuient devant les flammes.
       sujet   **prédicat**

<u>Pierre</u> est parti.
 sujet **prédicat**

<u>Le ciel</u> paraît menaçant.
 sujet   **prédicat**

A ses pieds d'énormes vagues viennent se briser.
          sujet
      prédicat

Avec ce dernier exemple, la phrase se découpe en deux parties ; le
sujet s'intercale à l'intérieur du prédicat. Dans ce type de présentation,
le prédicat regroupe le verbe et ses différents compléments (voir
Verbe, page 258, D).

> REMARQUE. Le terme est employé dans le même sens que lorsque l'on
> dit : *Quel est le sujet de ta dissertation ?* C'est-à-dire : *De quoi as-tu parlé ?*

 C'est l'hiver.
Voici Gaston.
C'est mon crayon.
Il y a du vent.

Dans le type de phrases ci-dessus, on parle bien de quelque chose
ou de quelqu'un : *l'hiver, Gaston, mon crayon, du vent,* mais on ne
dit rien de particulier. On se borne à en marquer l'existence.

B *Le sujet est celui qui fait l'action*

<u>Pierre</u> court dans le jardin.

Dans un silence de mort, <u>le président</u> annonça sa
démission.

<u>On</u> m'a offert un cadeau pour mon anniversaire.

Dans ce dernier cas, le sujet animé est agent de l'action.

Des phrases comme :

> Le chien aboie dans le jardin.

> Paul tombe en courant.

ne posent pas de problèmes. Le terme qui a la fonction sujet est un être animé qui effectue réellement une action évoquée par le verbe. En revanche, il est difficile de dire que le sujet effectue réellement une action dans les cas suivants.

B1 Verbes perfectifs

> Pierre reçoit un coup de pied.

> La pomme tombe par terre.

> Cet homme possède une fortune considérable.

Dans ces exemples, *la pomme,* sujet inanimé, n'effectue pas d'action ; *Pierre* subit plus qu'il n'agit, même si la construction du verbe est à la forme active.

B2 Verbes abstraits

De même, il est difficile de parler d'action pour des phrases comme :

> Ma mère pense à tout.

> Les Indiens craignaient surtout l'arrivée de nouveaux colons.

Les verbes *craindre, penser, détester,* etc., n'évoquent pas véritablement une action dont on se représente concrètement le déroulement.

REMARQUE. Dans les exemples ci-dessus (B1, B2), on peut toujours questionner à l'aide du verbe *faire : Que fait Pierre ? Il reçoit... ; Que fait la pomme ? Elle tombe... ; Que fait ma mère ? Elle pense... ;* etc.

B3 Verbes auxiliaires appelés parfois verbes d'état

> Il paraît plus grand que son frère.

> Paul est un chic type.

> Ma sœur a l'air en forme.

> Marie devenait chaque jour de plus en plus belle.

Dans ces exemples, les verbes utilisés n'évoquent pas une action, même si le sujet est animé ; ils sont appelés **verbes d'état** *(être, sembler, devenir...).*

B4 Verbes impersonnels

Hier il pleuvait, aujourd'hui il neige.

Il gèle à pierre fendre ce matin.

Ici encore, il est difficile de dire que le sujet fait l'action. Le sujet *il* ne renvoie à aucun agent dans la réalité. On peut parler dans ce cas de **verbes impersonnels** (qui ne se conjuguent qu'à la troisième personne). Un grand nombre de **verbes intransitifs** (voir *Complément d'objet direct,* page 79) et de **verbes pronominaux** peuvent être construits impersonnellement :

Il manque de l'argent dans la caisse.

sujet   **sujet**
grammatical **logique**

Il se vend tous les jours des quantités de fruits avariés.

sujet   **sujet**
grammatical   **logique**

Dans ces exemples, *il* est le **sujet grammatical** (ou **apparent**) ; *des quantités de fruits avariés* et *de l'argent* sont des **sujets logiques** (ou **réels**).

C *Le sujet est le mot (ou le groupe de mots) qui se trouve « à gauche » du verbe, avant le verbe*

Pierre bat Paul.

Paul bat Pierre.

Cécile prit tendrement l'enfant par la main.

L'enfant prit tendrement Cécile par la main.

Si on déplace Paul « à gauche » du verbe, c'est Paul qui devient sujet. Dans certains cas, on arrive à un non-sens :

Les enfants ont ramassé les champignons.

Les champignons ont ramassé les enfants.

Même si la phrase évoque une réalité peu vraisemblable, le sujet est le mot (ou le groupe de mots) qui se trouve « à gauche » du verbe ; ici, *les champignons.*

REMARQUE. **Le sujet peut être séparé du verbe.**

Pierre, de ses propres mains, **a fabriqué** un avion.

Bien que situé juste avant le verbe, **mains** n'est bien sûr pas le sujet.

On peut déplacer le groupe de mots *de ses propres mains* sans modifier le sens de la phrase :

Pierre a fabriqué un avion, de ses propres mains.

La phrase devient « impossible » si l'on déplace le sujet *Pierre* à droite du verbe :

★ De ses propres mains a fabriqué Pierre un avion.

Pierre est bien le seul élément qu'il faille absolument placer « à gauche » du verbe.

Bien que le sujet soit le plus fréquemment situé « à gauche » du verbe, cette définition n'est pas applicable dans tous les cas.

C1   L'inversion du sujet

Il y a de nombreux cas d'inversion du sujet. Le sujet se trouve alors « à droite » du verbe, sans pour autant perdre sa fonction de sujet.

a. L'interrogation

Nous irons à la plage. → - Irons-nous à la plage ?
Tu as compris. → - As-tu compris ?

L'inversion du sujet est utilisée pour exprimer l'interrogation. C'est un procédé parmi d'autres.
Si le sujet est un nom, celui-ci reste à sa place et il est repris « à droite » du verbe par un pronom personnel de même personne :

Pierre mange sa soupe. → - Pierre mange-t-il sa soupe ?

* - Mange Pierre sa soupe ?

b. Effet de style

Les sommes que ces travaux ont coûtées sont considérables.

Les sommes qu'ont coûtées ces travaux sont considérables.

Quand les cigognes passeront, il fera froid.
Quand passeront les cigognes il fera froid.

L'inversion du sujet permet un effet de style. Elle est facultative et ne change pas le sens général de la phrase. Le renvoi du sujet « à droite » du verbe étant moins fréquent que l'ordre traditionnel (sujet-verbe-objet), l'inversion du sujet attire l'attention de l'auditeur ou du lecteur sur la façon de dire autant que sur ce que l'on a à dire. Ce type de construction se rencontre plutôt dans un registre soutenu et est plus fréquent à l'écrit qu'à l'oral :

> Sous le pont Mirabeau coule la Seine.

> Sous le pont Mirabeau la Seine coule.

c. L'inversion obligatoire

● *Dans le dialogue :*

> Tu es encore en retard, lui dis-je.

> ★ Tu es encore en retard, je lui dis.

Elle s'impose lorsque l'on utilise des verbes tels que *dire, penser, remarquer, s'exclamer,* etc., dans des propositions incises. Ce procédé renvoie à des situations de dialogue, il permet de spécifier celui qui vient de parler. Ne pas le pratiquer ne change pas le sens de la phrase, mais rend celle-ci « bizarre », inhabituelle.

> REMARQUE. On rencontre à l'oral, dans un registre familier, la construction sans inversion, surtout lorsque le sujet est un pronom personnel :
>
> > T'es encore en retard, j'y dis.
> >
> > Sors de là, y me dit.

● *Avec le subjonctif :*
La présence du subjonctif marquant un **souhait** rend l'inversion obligatoire :

> Fasse le ciel !

> Puissiez-vous réussir !

Si l'on n'inversait pas, il faudrait compléter la phrase :

> Le ciel fasse que vous ayez raison !

> J'aimerais que vous puissiez réussir !

Le remplacement du subjonctif par l'indicatif fait perdre à l'inversion son caractère obligatoire et lui redonne sa valeur interrogative, telle que nous l'avons présentée plus haut :

> Puissiez-vous réussir ! (Souhait.)

> ★ Vous puissiez réussir.

Pouvez-vous réussir ? (Interrogation.)

Vous pouvez réussir. (Affirmation.)

● *Avec certains adverbes :*

Il voulait parler à son père seul à seul. Aussi me dit-il d'aller l'attendre dehors.

Il avait raté son train. Ainsi arriva-t-il le dernier à l'école.

● *Dans les énoncés administratifs :*

Sont définitivement admis les candidats dont les noms suivent...

Doivent se présenter à neuf heures à la porte E les voyageurs munis d'une carte verte.

C2   Limites de l'inversion du sujet

Quel que soit l'usage que l'on fasse de l'inversion, elle n'est possible qu'à condition que l'**identification du sujet** soit sans ambiguïté.

Trois cas permettent de conserver l'identité du sujet quelle que soit sa place.

a. Il n'y a pas concurrence entre plusieurs mots qui pourraient, par leur nature et par leur sens, jouer le rôle de sujet :

Sous le pont Mirabeau coule la Seine.

Sous le pont Mirabeau mange un clochard.

Dans ces deux exemples, que le verbe soit **intransitif** *(coule)* (voir *Complément d'objet direct,* page 79) ou **transitif** *(mange)* (voir id.), il est utilisé sans complément d'objet. Dans ce cas, seul le nom qui accompagne le verbe peut être sujet.

En revanche, il n'est pas possible d'inverser le sujet dans les phrases suivantes :

Sur la route de Nantes, les enfants rencontrèrent les gendarmes.

enfants et *gendarmes* pourraient être tous les deux sujets du verbe *rencontrer.*

Cécile regardait l'homme qui s'avançait silencieusement.

Cécile et *l'homme* peuvent tous les deux effectuer l'action de regarder.

b. Le sujet est marqué en tant que tel :

Si l'on peut dire :   Il mange.

Mange-t-il ?

et non :   Pierre mange.

★ Mange Pierre ?

c'est que les pronoms personnels *je, tu, il,* etc., ne peuvent être que sujet, alors que les pronoms *me, te, le,* etc., ne peuvent jamais être sujet. Un nom, lui, peut assurer la fonction sujet aussi bien qu'une autre fonction.

c. Le COD est marqué en tant que tel :

La montre que m'a donnée Alain est cassée.

La présence de *que* spécifie *montre* comme complément d'objet ; *Alain* ne peut alors être que sujet.

D *Le sujet est un élément obligatoire*

Dans les exemples suivants, on peut, autour du verbe, supprimer tous les groupes de mots sauf le sujet, tout en conservant une phrase « possible », même si la nouvelle phrase n'a plus exactement le même sens :

Le chien a mangé [sa soupe].

Pierre se promène [dans la forêt, son fusil à l'épaule].

Dans la plupart des cas, la suppression du sujet suffit à rendre la phrase non seulement sans signification, mais aussi « impossible » :

★ a mangé sa soupe.

★ se promène dans la forêt, son fusil à l'épaule.

⚠ **D1**   **A l'impératif,** le sujet n'est pas exprimé, il est contenu dans le prédicat :

Pierre lance la balle.   Nous marchons rapidement.
　　　 Lance la balle !   　　　 Marchons rapidement !

En fait, c'est parce que l'on interprète *lance* non plus comme un indicatif mais comme un impératif que la deuxième phrase est possible. Il se trouve que beaucoup de verbes, ayant la même prononciation et la même orthographe à l'indicatif présent et à l'impératif, entretiennent l'illusion d'une suppression possible du sujet. Il suffit, pour s'en convaincre, d'utiliser un autre temps que le présent de l'indicatif :

Pierre lancera la balle.　　　Nous avons marché rapidement.

★ Lancera la balle.　　　★ Avons marché rapidement.

D2　Sujet + infinitif / participe

Dans les propositions **infinitives** et **participiales** (voir *Propositions subordonnées,* page 233, III), on peut se poser la question de savoir s'il existe ou non un sujet :

Je regardais, par la fenêtre, les enfants jouer au ballon.

sujet　　　inf.

COD

Dans cette phrase, *les enfants* est bien le complément d'objet direct du verbe *regardais* ; mais ce sont aussi *les enfants* qui font l'action de *jouer.* Doit-on dire alors que *les enfants* est à la fois complément d'objet du verbe *regardais* et sujet de l'infinitif *jouer* ? Du point de vue du sens de la phrase, c'est une analyse tout à fait logique. On peut aussi considérer *les enfants jouer au ballon* comme un groupe que l'on ne dissocie pas et qui est en bloc complément d'objet direct du verbe *regardais.*

On peut faire le même raisonnement avec une proposition participiale :

Cécile ramassa gentiment l'oiseau tombé du nid.

sujet　　part.

COD

E | *Le sujet est le mot qui impose l'accord au verbe*

Il s'en sortir**a** toujours.

Ils s'en sortir**ont** toujours.

L'enfant se gliss**a** subrepticement dans la pièce.

Les enfants se gliss**èrent** subrepticement dans la pièce.

Il faudra prendre garde au fait que les terminaisons de la troisième personne du pluriel ne se distinguent pas toujours à l'oral :

Le chien aboie tous les matins.

Les chiens aboient tous les matins.

Il était fatigué : le bébé avait pleuré toute la nuit.

Il était fatigué : les jumeaux avaient pleuré toute la nuit.

→ Les définitions C, D, E s'appuient sur des éléments repérables, visuels, auditifs, orthographiques ou phonétiques ; les définitions A et B, en revanche, renvoient à des éléments de la réalité : celui qui fait l'action, ou à une organisation logique du discours. Ces deux façons de présenter le sujet ne se contredisent pas, elles se complètent. Les points C et D soulignent les caractères grammaticaux de la fonction sujet, alors que les points A et B en soulignent le sens. Aucune de ces définitions prise isolément ne peut à elle seule rendre compte du complexe du sujet. C'est pourquoi il est intéressant de les prendre toutes sans en exclure aucune.

Ce qui est constant, c'est la présentation du sujet comme un élément pris dans une relation de couple : soit **sujet / prédicat,** soit **sujet / verbe.** Il y a là un point d'accord qu'il faut souligner.

QU'EST-CE QUI PEUT ÊTRE SUJET ?

A Un nom peut être sujet

Pierre court dans la forêt.

Le sujet peut être un nom seul. C'est le cas des noms propres. Mais il peut s'agir très souvent d'un groupe nominal (voir *Groupe nominal*, pages 148 et suiv.) :

Les enfants de l'école jouent dans la cour.

Ceux qui ont un vélo pourront partir.

Dans la langue familière, la fonction sujet est souvent assurée par un nom redoublé d'un pronom personnel ou par deux pronoms personnels :

> Mon papa il a un vélo.
> Ma mère elle est venue.
> Moi je m'en vais.

B | *Un pronom peut être sujet*

Pronom personnel :

> Il court.
> Nous avons mangé.

Pronom démonstratif :

> Celui-ci n'est pas cher.

Pronom possessif :

> Le mien est cassé.

Pronom indéfini :

> Certains pleuraient, d'autres riaient.

Pronom relatif :

> Les singes qui grimpent aux arbres font rire les enfants.

C | *Un infinitif peut être sujet*

> Travailler fatigue. (= Le travail fatigue.)

Il faut remarquer que l'infinitif est la forme du verbe qui peut se comporter comme un nom.

D | *Une proposition peut être sujet*

> Qu'il arrive en retard serait déplaisant. (= Son retard serait déplaisant.)

REMARQUE. Tous ces éléments qui peuvent assurer la fonction sujet aussi bien que le nom sont très souvent nommés **substituts du nom**.

III COMMENT PEUT-ON IDENTIFIER LE SUJET ?

A *Réduction* (Voir *Procédures,* page 195, II A.)

Si l'on enlève le plus de mots possible sans porter atteinte à la construction de la phrase, il ne reste finalement que le couple *sujet / verbe* (phrase minimum).

Il faut distinguer la suppression de groupes de mots entiers et la suppression de mots à l'intérieur d'un groupe :

> Le chat de la voisine dort sur les coussins du salon.

Dans cet exemple, le groupe entier *sur les coussins du salon* peut être supprimé ; c'est un **groupe nominal prépositionnel,** complément circonstanciel de lieu.

En revanche, le groupe sujet *le chat de la voisine* ne peut être que réduit ; il ne peut être supprimé en bloc :

> Le chat de la voisine dort.
>
> Le chat dort.

B *Permutations* (Voir *Procédures,* page 197, II C.)

Si, dans une construction de type sujet-verbe-objet, on échange les mots ou groupes de mots qui sont « à droite » et « à gauche » du verbe, on **permute** les fonctions sujet et complément d'objet :

> Le capitaine réussit à jeter le voleur à terre.
>
> Le voleur réussit à jeter le capitaine à terre.

REMARQUE. Il est intéressant de noter que le plus souvent le sujet est accompagné d'un article défini ou démonstratif alors que l'objet est accompagné d'un article indéfini. Cette distribution des articles rend parfois difficile la permutation sujet-objet :

> Le cavalier vit un homme s'enfuir à toutes jambes.
>
> Un homme vit le cavalier s'enfuir à toutes jambes.

Cette seconde phrase est moins fréquente.

Parfois, en raison du sens particulier du verbe utilisé, le sens de la phrase peut soit ne pas changer beaucoup :

Cécile aperçut le chien au détour du chemin.

Le chien aperçut Cécile au détour du chemin.

soit aboutir à un non-sens :

Pierre a mangé le chocolat.

Le chocolat a mangé Pierre.

ou encore entraîner un changement de sens de certains mots :

La voiture brûle le feu.

Le feu brûle la voiture.

Dans tous ces exemples, quelle que soit la façon dont le sens change, les fonctions sujet et complément d'objet sont toujours inchangées.

IV POURQUOI EST-IL IMPORTANT DE RECONNAITRE LE SUJET ?

A C'est le sujet qui commande l'**accord** du verbe, c'est lui qui permet d'orthographier correctement le verbe.

Il faut penser en particulier à écrire **-s** à la fin du verbe si le sujet est *tu* (2ᵉ personne du singulier) et **-nt** si le sujet est au pluriel (3ᵉ personne du pluriel).

Tu met**s** ton manteau.

Pierre met son manteau.

Les enfants mette**nt** leur manteau.

B C'est aussi le sujet qui commande l'accord du participe passé (voir *Accord*, page 12 lll C), mais seulement lorsque le participe passé est employé avec *être* :

> Les enfants sont mont**és** au grenier.
>
> Les enfants ont mont**é** leurs jouets au grenier.

 Les difficultés proviennent souvent :

● De ce que l'on n'entend pas les marques du pluriel lorsque l'on parle :

> Tu chant**es**.
>
> Pierre chant**e**.
>
> Les enfants chant**ent**.

(*Chantes, chante, chantent,* se prononcent de la même façon.)

● De l'éloignement du sujet :

> Les amis, dont je t'avais parlé la semaine dernière au moment où tu pensais partir en voyage avec ta tante, n'habit**ent** plus à Paris.

● De cas d'inversion du sujet :

> Je voudrais savoir quand pass**ent** les coureurs.

● De l'existence d'un *pronom personnel* complément, placé devant le verbe, et que l'on pourrait confondre avec un article :

> Le feu les brûl**e**.
>
> Ils achèt**ent** du pain et le mang**ent**.

● De l'existence de plusieurs sujets singuliers :

> Pierre et Paul chant**ent** ensemble.

● De plusieurs verbes pour un sujet :

> Les invités arriv**ent,** s'install**ent** et commenc**ent** à manger.

● De l'emploi du pronom **on** :

> On était rav**is** qu'il soit reçu.
>
> On est toujours rav**i** d'avoir de l'argent.

Lorsque *on* signifie *nous,* l'attribut s'accorde en genre et en nombre avec les personnes ou les objets représentés. Lorsque *on* signifie *tout le monde, n'importe qui,* le verbe reste invariable (3ᵉ pers. sing.) et l'attribut ne s'accorde pas.

● De l'emploi d'un **sujet collectif :**

Lorsque le groupe nominal sujet représente un ensemble de personnes ou d'objets, le verbe se met soit au singulier (si l'on veut souligner qu'il s'agit d'un seul et même ensemble), soit au pluriel (si l'on insiste sur tous les éléments qui constituent cet ensemble) :

> Un groupe d'enfants se mit (se mirent) à hurler.
>
> Une foule de visiteurs se précipitèrent (se précipita) dès l'ouverture des portes.

V VISUALISATIONS

A Représentation en arbre

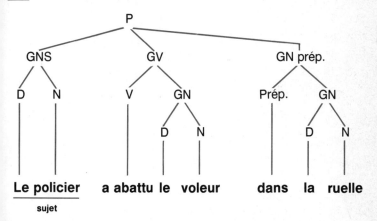

B Représentation par emboîtements successifs

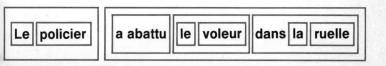

LE VERBE

Ce qu'il faut savoir

- On appelle verbes l'ensemble des mots qui peuvent constituer le **noyau** des phrases. C'est autour de ce noyau que les autres éléments de la phrase s'articulent ; c'est par rapport au verbe qu'ils marquent leur fonction :

> Tous les jours l'homme **achetait** un cornet de marrons au coin de sa rue.

- Lorsque l'on découpe une phrase en deux parties : groupe **sujet** (ce dont on parle) et **prédicat** (ce que l'on en dit) (voir *Sujet,* page 240, IA), le verbe appartient au prédicat :

> Le jardinier du château **soignait** ses roses avec amour.
>
> sujet   prédicat

- Les verbes expriment souvent une **action** (chanter, courir...). Ils peuvent aussi exprimer une attitude, un **état** (posséder, souffrir...).

- Les verbes reçoivent des marques qui leur sont particulières et que l'on appelle **désinences, terminaisons** ou parfois **modalités.** Les marques servent à indiquer la personne, le temps, l'aspect et le mode. L'ensemble de ces combinaisons constitue les **conjugaisons :**

> Je lui promi**s** qu'on se reve**rrait** bientôt.

| QU'EST-CE QUE LE VERBE ?

A | Le verbe est le noyau de la phrase

A1 L'analyse

Les mots qui constituent une phrase sont tous en relation directe ou indirecte avec le verbe. C'est donc autour du verbe et à partir de lui que se constitue la phrase :

> Hier, le frère de Pierre a gagné un superbe vélo bleu au concours de pétanque.

Groupe de mots analysé	Verbe	Question posée	Fonction
<u>Hier</u>	**a gagné**	Quand Pierre a-t-il gagné un vélo ?	Complément circonstanciel de temps
Le <u>frère</u> de Pierre	**a gagné**	Qui... ?	Sujet
Un superbe <u>vélo</u>	**a gagné**	... quoi ?	Complément d'objet direct
Au <u>concours</u> de <u>pétanque</u>	**a gagné**	Où... ? Quand... ? De quelle manière... ?	Complément circonstanciel de lieu/de temps/ de manière

- Les quatre groupes de mots marquent chacun leur fonction par rapport au verbe de la phrase (a gagné).
- Chacun des *termes soulignés* est en relation directe avec le verbe. Les autres éléments des groupes ne sont qu'indirectement en rapport avec le verbe.

A2 Visualisation

Le rôle de noyau joué par le verbe peut également être mis en évidence par la représentation en cercles concentriques.

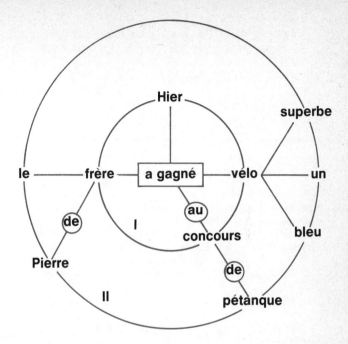

Les mots qui apparaissent sur le premier cercle sont directement liés au verbe. Les mots qui sont liés à d'autres éléments que le verbe apparaissent sur le deuxième cercle.

B | *Les verbes constituent une classe ou catégorie grammaticale*

En haut de la colline, le maire | a acheté / a rénové / a fait bâtir | cette grande maison blanche.

Tous les éléments qui peuvent se substituer à *a acheté* appartiennent à une seule et même classe : celle des verbes.

REMARQUE. Le français est une langue dans laquelle l'ensemble des mots qui constituent la **classe des verbes** est **spécialisé** dans la fonction de **noyau :** ils ne peuvent servir qu'à cela et sont les seuls à pouvoir assurer par eux-mêmes cette fonction. Ils s'opposent, en cela, à tous les autres mots de la langue et notamment aux noms qui assurent d'autres fonctions (sujet, complément). Cette **opposition** est appelée **verbo-nominale.**

257

C · Les verbes reçoivent des marques particulières : temps, aspect, mode, personne, négation

C1 · Temps, aspect, mode, personne

Nous jouerons dans la même équipe l'année prochaine.

Nous jouions aux dés quand il est arrivé.

S'il était disponible, vous pourriez aller au cinéma.

	Mode	Temps/aspect	Personne
joue**rons**	Indicatif	Futur	1re pluriel
jou**ions**	Indicatif	Imparfait	1re pluriel
ét**ait**	Indicatif	Imparfait	3e singulier
pour**riez**	Conditionnel	Présent	2e pluriel

C2 · Négation

Ils n'habitaient pas ici à cette époque.

Le verbe de la phrase *(habitaient)* est encadré par la négation *n'...
pas* qui modifie directement son sens. Il est le seul élément de la
phrase susceptible de recevoir la négation *ne... pas*.

REMARQUE. Les notions de temps peuvent être exprimées par d'autres
mots que les verbes : adverbes (hier, demain), groupes nominaux (la nuit,
la semaine passée). La négation peut également être marquée à l'intérieur
d'un groupe nominal (un non-voyant).

D · Le verbe et le prédicat

D1 · Analyse

L'équipe de Nantes a gagné le championnat en 1983.

La phrase précédente se décompose de la façon suivante :

Groupe sujet : *l'équipe de Nantes* (ce dont on parle).
Prédicat : *a gagné le championnat en 1983* (ce que l'on en dit).

Le verbe *a gagné* fait partie du *prédicat* et non pas du groupe sujet.

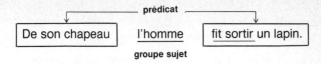

Dans cette phrase, le prédicat encadre le groupe sujet ; le verbe *fit sortir* fait partie du prédicat.

D2 Visualisation

La représentation par emboîtements successifs permet de rendre compte de ce type d'analyse.

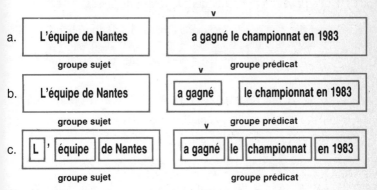

La représentation en arbre permet aussi de situer le verbe à l'intérieur du groupe verbal.

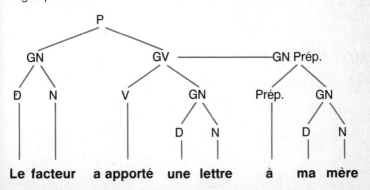

E *Le verbe et l'action*

La plupart des verbes expriment des **actions** *(courir, manger, dormir, danser, frapper...).*

> Au premier coup de fusil, les canards s'envolèrent à tire-d'aile.
>
> Au beau milieu de l'histoire, l'enfant s'endormit.

 D'autres, moins nombreux, décrivent une **attitude,** un **état** *(souffrir, craindre, aimer, posséder...).*

> Ce qu'il avait toujours détesté chez elle, c'était sa façon de s'habiller.
>
> Les paysans appréhendent le retour de la sécheresse.

On ne peut pas dire que les paysans font l'action d'appréhender, mais plutôt qu'ils ont une attitude d'appréhension, de crainte.

Certains verbes, *boire* par exemple, expriment généralement une action :

> Il faisait une telle chaleur qu'il but toute la bouteille d'un trait.

Ils peuvent parfois indiquer aussi une qualité, un état :

> Cet homme boit. (= Cet homme est un ivrogne.)

On peut alors parler de **construction absolue :** le verbe transitif est construit sans compléments d'objet ni compléments circonstanciels. Son sens en est modifié.

> REMARQUE. Le verbe n'est pas le seul élément capable de décrire une action en cours :
>
> > Je me rappelle l'entrée des Allemands dans Paris.
>
> Le mot *entrée*, qui est un nom, évoque une action ; *Allemands* en est l'agent.

II LA FORME DU VERBE

A *La conjugaison du verbe*

L'ensemble des formes que peut prendre un verbe s'appelle sa **conjugaison.**

Les conjugaisons des verbes français se classent en trois groupes qui se caractérisent chacun par la forme de leur infinitif et de leurs désinences ou terminaisons (cf. *Bescherelle de la conjugaison*).

	1er groupe *Aimer*	**2e groupe** *Finir*	**3e groupe** *Sortir, croire, descendre...*
Infinitif	**er**	**ir**	
Indicatif présent	3e pers. sing. : **e** Il aim**e**	3e pers. sing. : **it** Il fin**it**	
Futur	3e pers. sing. : **era** Il aim**era**	3e pers. sing. : **ra** Il fini**ra**	
Passé simple	3e pers. sing. : **a** Il aim**a**	3e pers. sing. : **it** Il fin**it**	Variations irrégulières du radical et des désinences
Subjonctif présent	3e pers. identique à l'indicatif présent Qu'il aim**e**		
Participe passé	en **é** Il a aim**é**	en **i** Il a fin**i**	
Variation radical		Variation radical **iss** Ils fin**issent** (≠ mourir ils meurent)	

REMARQUE. Il est intéressant de constater que lorsque l'on veut fabriquer un nouveau verbe pour rendre compte d'une notion nouvelle, on utilisera généralement le modèle du premier groupe (type aimer) : *lifter, shooter, téléviser, magnétoscoper.*

Parfois, de façon beaucoup plus rare, on emploiera le modèle du deuxième groupe : *alunir* ; en aucun cas les verbes nouveaux ne se forment sur le modèle du troisième groupe ; ce groupe est dit conjugaison morte.

B La composition du verbe

Le verbe se compose de deux parties : un **radical** et une **terminaison** ou désinence.
Le radical porte le sens du verbe.
La terminaison ou désinence indique la personne (1re, 2e ou 3e du singulier ou du pluriel), le temps, l'aspect et le mode.

Nous chantions.

- **chant :** radical : il s'agit de l'action de chanter et non pas de celle de jouer ou de courir.

- **ions :** terminaison : **ons** indique que le verbe est à la 1re personne du pluriel (*ons* est lié au pronom personnel *nous*) ;
i indique que le verbe est à l'imparfait de l'indicatif.

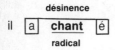

chant est le radical ; la désinence **a... é** se trouve de part et d'autre du radical : elle indique la personne (3e singulier) et le temps (passé composé).

C Temps, aspect, mode

C1 Le temps

La marque du temps situe l'événement dont on parle par rapport au moment où l'on parle.

a. Passé

Il y a dix ans on allait en vacances chez ma grand-mère.

La marque **-ait** indique que l'événement évoqué (aller chez la grand-mère) se situe **avant** le moment où la phrase est prononcée (il y a dix ans).

Dans cet exemple, la marque du passé *ait* est renforcée par l'expression *il y a dix ans*.

Intervalle de temps

Événement
évoqué par la phrase

Moment
où l'on parle

On <u>allait</u> toujours en vacances chez ma grand-mère.

Ici, seul le verbe porte la marque du passé *ait*.

b. Présent

Repassez tout à l'heure, pour l'instant il <u>dort</u>.

La forme du verbe *dort* indique que l'action de dormir est effectuée au moment où la phrase est prononcée. On pourrait souligner cela en utilisant l'expression *en train de* :

Il est en train de dormir.

Événement évoqué

Moment où l'on parle

> REMARQUE. Il faut noter que la « forme présent » du verbe peut être utilisée pour raconter un événement passé ou pour annoncer un événement à venir :
>
> Hier, j'<u>arrive</u>, je le <u>trouve</u> allongé par terre.
>
> Demain je <u>prends</u> l'avion à 12 h 30.

c. Futur

Je t'<u>achèterai</u> un beau vélo neuf pour ton anniversaire.

La marque **-erai** indique que l'événement évoqué (acheter un vélo) se situe **après** le moment où la phrase est prononcée.

Intervalle de temps

Moment où
l'on parle

Événement
évoqué par la phrase

C2 L'aspect

Les marques d'aspect sont, en français, presque toujours les mêmes que les marques de temps. Elles indiquent que l'événement que l'on évoque est étroitement **lié au moment où l'on parle ;** on ne peut véritablement comprendre la phrase que dans la situation où elle est prononcée :

> Tiens, je t'ai fait un beau dessin !

Celui à qui l'on s'adresse écoute la phrase prononcée et en même temps voit le dessin qui a été réalisé. La présence de *tiens !* l'indique. Il ne serait pas possible, dans une telle phrase, d'utiliser le passé simple (même si c'est un temps qui marque le passé au même titre que peut le faire le passé composé employé dans l'exemple) :

> ⋆ Tiens, je te fis un dessin.

La marque du **passé composé** est dans cette phrase une marque d'**aspect accompli ;** elle indique que l'événement est achevé, mais qu'il ne faut pas le séparer du moment où l'on parle.

> Salut, je vais acheter le pain.

Dans cette phrase, l'action d'*acheter le pain* n'est pas située dans le temps futur, à distance de la situation où l'on se trouve, mais au contraire liée au moment où l'on parle (cf. *Salut*). Dans une phrase de ce type il est impossible d'utiliser une marque de temps futur :

> ⋆ Salut, j'irai acheter le pain.

La marque **vais ... er** est ici une marque d'**aspect prospectif :** elle indique un projet, une décision que l'on présente à l'intérieur de la situation où l'on se trouve.

C3 Les modes : leur emploi

Les modes sont au nombre de sept ; l'indicatif, le subjonctif, l'impératif et le conditionnel se conjuguent : ce sont des **modes personnels.** L'infinitif, le participe et le gérondif sont des **modes impersonnels :** ils ne se conjuguent pas.

a. L'indicatif et le subjonctif

Le **subjonctif** s'emploie surtout dans les propositions **subordonnées.**

Dans les **complétives,** c'est le verbe de la principale qui détermine l'utilisation de l'indicatif ou du subjonctif :

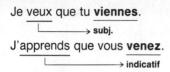

Je veux que tu **viennes.**
→ subj.

J'apprends que vous **venez.**
→ indicatif

Certaines **subordonnées circonstancielles** exigent le **subjonctif** (but, opposition, etc., voir *Propositions subordonnées,* page 227, II B) :

J'ai insisté pour qu'il aille chez le médecin.

subjonctif (but)

Elle pleure parce qu'elle est partie.

indicatif (cause)

Dans certains cas, notamment dans les **propositions relatives,** selon le sens que l'on veut donner à la phrase, on choisira l'indicatif ou le subjonctif :

Je cherche un cheval qui **ait** une queue blanche.

subj.

(Je ne sais pas si ce cheval existe, mais c'est un cheval comme ça que je veux.)

Je cherche un cheval qui **a** une queue blanche.

ind.

(Je sais qu'il existe, je veux le retrouver.)

b. Le conditionnel

C'est le mode utilisé lorsque celui qui parle envisage ce qu'il dit comme simplement **possible,** comme **éventuel.** Il est souvent précédé d'une subordonnée circonstancielle de condition (voir *Propositions subordonnées,* page 231, II B5) : c'est pourquoi on l'appelle mode conditionnel :

Si j'avais de l'argent **j'achèterais** une maison.

subord. circ. de condition conditionnel

On ne dit jamais :

⋆ Si j'aurais de l'argent, j'achèterais une maison.

Le verbe de la subordonnée ne peut se mettre au conditionnel.

Le mode conditionnel peut aussi apparaître seul pour exprimer un événement possible ou un souhait poli :

> Le prix de l'essense **baisserait** prochainement.
>
> (Il paraît, j'ai entendu dire...)
>
> **J'aimerais** parler à Monsieur le directeur.
> (... Si c'était possible...)

c. L'impératif

C'est le mode qui exprime l'**ordre** ou la **défense :**

> **Montez** à bord !
>
> Ne **descendez** pas !

Il ne se conjugue qu'à trois personnes : 2e personne du singulier, 1re et 2e personnes du pluriel.
Il se caractérise par l'absence de pronom personnel sujet :

> Pars !
> Partons !
> Partez !

d. L'infinitif

L'infinitif est une forme particulière qui permet au verbe d'avoir d'autres fonctions que celle de noyau de la phrase ; il peut être :

Sujet :	**Marcher** me fatigue.
COD :	Je déteste **manger.**
Attribut :	Reprendre c'est **voler.**
Complément du nom :	La fureur de **vivre.**

REMARQUE. Dans tous ces exemples, l'infinitif peut avoir tous les compléments possibles du verbe :

- Infinitif + COD

> Je déteste **manger** des haricots.
>
>   inf.   COD

- Infinitif + CC lieu

> **Marcher** sur le sable me fatigue.
>
>   inf.   CC

- Infinitif + CC man. :

> Elle connaissait enfin le bonheur de **vivre** intensément.
>
>   inf.   CC man.

En conclusion, on peut dire que le mode infinitif permet au verbe d'assurer l'ensemble des fonctions du nom, tout en conservant la possibilité de recevoir des compléments.

L'infinitif, au contraire du verbe conjugué, n'a généralement pas de sujet. (Pour la transformation infinitive des subordonnées complétives et circonstancielles, voir *Propositions subordonnées,* page 233, III A.)

e. Le participe

On distingue le participe **présent** et le participe **passé.**

● **Le participe présent** est l'équivalent :

- D'une proposition relative (voir *id.,* page 235, III B) :

> Les personnes **ayant** un billet peuvent entrer.
>
> (= Les personnes qui ont...)

- D'une proposition subordonnée circonstancielle (voir *id.*) :

> Les invités, **ayant terminé** de manger, se levèrent.
>
> (= Les invités, une fois qu'ils eurent terminé...)

● **Le participe passé** est l'équivalent :

- D'une proposition relative (voir *id.,* page 237, III B3) :

> Le feu, **attisé** par le vent, gagna la maison.
>
> (= Le feu qui était attisé...)

- D'une subordonnée circonstancielle (voir *id.*) :

> Le repas **achevé,** on passa au salon.
>
> (= Quand le repas fut achevé...)

- D'un adjectif :

> C'est une enfant bien **élevée.**

f. Le gérondif

Il est formé par le participe présent précédé de la préposition *en ;* il a la valeur d'un complément circonstanciel :

> **En rentrant,** il trouva sa porte enfoncée.
>
> (= A son retour...)
>
> Il partit **en chantant** joyeusement.

TABLEAU : SYNTHÈSE TEMPS + MODES

Modes	Temps simples	Temps composés

Indicatif	Présent ———→
	   je chante
	Passé simple ———→
	   je chantai
	Imparfait ———→
	   je chantais
	Futur simple ———→
	   je chanterai
		Passé composé
		   j'ai chanté
		Passé antérieur
		   j'eus chanté
		Plus-que-parfait
		   j'avais chanté
		Futur antérieur
		   j'aurai chanté

Subjonctif	Présent ———→
	   que je chante
	Imparfait ———→
	   que je chantasse
		Passé
		   que j'aie chanté
		Plus-que-parfait
		   que j'eusse chanté

Conditionnel	Présent ———→
	   je chanterais
		Passé 1
		   j'aurais chanté
		Passé 2
		   j'eusse chanté

Impératif	Présent ———→
	   chante !
		Passé
		   aie chanté !

Infinitif	Présent ———→
	   chanter
		Passé
		   avoir chanté

Participe	Présent ———→
	   chantant
		Passé
		   chanté

Gérondif	Présent ———→
	   en chantant
		Passé
		   en ayant chanté

III COMMENT RECONNAIT-ON LE VERBE DANS LA PHRASE ?

A *Par réduction du groupe verbal*

(Voir *Procédures,* page 195, II A.)

A1 Procédure de réduction

Le verbe est le **noyau** du groupe verbal ; c'est le seul élément que l'on ne peut enlever sans faire disparaître le groupe verbal tout entier. En d'autres termes, si le **sujet** est ce dont on parle et le **prédicat** ce que l'on dit du sujet, le verbe est l'élément indispensable à l'existence du prédicat : si l'on supprime le verbe, on ne peut plus rien dire du sujet :

Les soldats mangeaient de la soupe avec les prisonniers.
<u>sujet</u>   **prédicat**

- On peut supprimer le COD :

Les soldats mangeaient avec les prisonniers.
<u>sujet</u>   **prédicat**

- On peut supprimer le COI :

Les soldats mangeaient de la soupe.
<u>sujet</u>   **prédicat**

- On peut supprimer les deux compléments :

Les soldats mangeaient.
<u>sujet</u>   **prédicat**

- Mais on ne peut supprimer le verbe :

      * Les soldats X de la soupe avec les prisonniers.

⚠ **A2** **Limites de la réduction**

Le loup rencontra l'agneau au bord de l'eau.
_____ _____
  sujet   prédicat

- On peut supprimer le complément circonstanciel :

Le loup rencontra l'agneau.
_____ _____
  sujet   prédicat

- On ne peut pas supprimer le COD :

★ Le loup rencontra ✗ au bord de l'eau.

● Les verbes comme *rencontrer, attraper* sont des **verbes transitifs** qui exigent un COD (voir *Complément d'objet direct*, page **78**, **B1**). Certains autres verbes peuvent être construits avec ou sans COD :

Il **fume** un paquet de cigarettes par jour.
             _____
                         COD

Il **fume** tous les jours après le déjeuner.
             _____
                      CC temps

● Les **verbes intransitifs** ne peuvent avoir de COD :

La veille de ses examens, il **dort** difficilement.

⚠ **A3** **Le problème de l'auxiliaire être (copule) et des verbes d'état**

Marie **était** jolie avec sa robe jaune et bleue.
_____ _____

- On peut supprimer le complément prépositionnel :

Marie **était** jolie.
_____ _____ ____

- Mais on ne peut supprimer *était* :

★ Marie ✗ jolie avec sa robe jaune et bleue.

On ne peut supprimer *jolie* :

★ Marie était ✗ avec sa robe jaune et bleue.

Le **noyau** du groupe verbal est ici le groupe *était jolie* qui est constitué d'une **copule** *était,* qui porte les marques de temps, de personne et de mode, et de l'adjectif attribut *jolie.* Ce groupe est

indissociable, non réductible. Il joue le même rôle que le verbe. Cette construction est également commune aux verbes dits **d'état** *(sembler, devenir, avoir l'air)* :

> A cette époque le jardin me **paraissait** immense.

B Le verbe est le seul élément de la phrase qui se conjugue

Le verbe est le seul élément à pouvoir porter les marques de temps, d'aspect et de mode, le seul à changer de forme en fonction de la personne.

> Vous mange**rez** le gâteau ce soir.

C Le verbe est le seul élément qui porte la négation

Le verbe est le seul élément de la phrase qui puisse être encadré par la négation *ne... pas, ne... point, ne... plus, ne... guère, ne... jamais* :

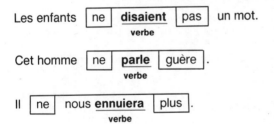

Les enfants | ne | **disaient** | pas | un mot.
         verbe

Cet homme | ne | **parle** | guère .
       verbe

Il | ne | nous **ennuiera** | plus .
     verbe

Lorsque le noyau est constitué d'une *copule* et d'un *attribut*, la négation encadre la copule :

Elle | n' | **est** vraiment | pas | **confortable**.
   copule   attribut

On pourra donc reconnaître le verbe en mettant la phrase à la forme négative et en constatant quel est l'élément qui porte la négation.

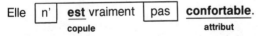 Dans la langue orale, la négation **ne... pas** est souvent réduite à **pas :**

> Il fait **pas** attention à ce que tu dis.
>
> J'aime **pas** les petits pois.

271

D Le verbe apparaît comme l'élément autour duquel s'organise la phrase

Le verbe constitue le **noyau** de la phrase.
On peut donc l'identifier en cherchant, dans la phrase, à quel élément se rapportent les groupes nominaux, c'est-à-dire par rapport à quel mot ils marquent leur fonction.

REMARQUE. Tous les verbes n'ont pas la possibilité d'avoir les mêmes compléments :

1. Les verbes comme *donner, remettre, dire,* etc. (voir *Complément d'objet second,* page 111, I B5), peuvent recevoir un complément d'objet direct, un complément d'objet second et des compléments circonstanciels :

Il **a remis** sa récompense à Pierre au pied de la tribune.
              COD   COS   CCL

2. Les verbes comme *manger, laver,* etc., peuvent recevoir un complément d'objet direct, indirect et des compléments circonstanciels :

Au dîner, il **a mangé** ses pâtes avec appétit.
CCT   COD   CC manière
Je t'**ai lavé** ta chemise.
COI   COD

3. Les verbes comme *courir, dormir,* etc., ne peuvent, en général, recevoir que des compléments circonstanciels :

Tous les jours, il **court** avec ses amis dans la forêt.
    CCT   CC acc.   CCL

4. Lorsque le noyau est constitué d'une **copule** et d'un **attribut,** les compléments possibles sont en nombre extrêmement réduit ; seuls quelques compléments circonstanciels peuvent apparaître.

Elle **était malade** | depuis longtemps | = CC temps
| à cause de lui | = CC cause
| de peur | = CC cause

IV COMMENT ACCORDER LE VERBE ?

A *L'accord du verbe*

A1 Le **verbe s'accorde** en personne et en nombre avec son **sujet :**

Le voleur   s'enfu**it**   à toutes jambes.

<u>nom sujet sing.</u>   verbe
3e pers. sing.

Les femmes   sortir**ont**   d'abord.

<u>nom sujet pluriel</u>   verbe
3e pers. pluriel

Vous   n'aur**ez**   aucune difficulté à le reconnaître.

<u>pronom sujet</u>   verbe 2e pers.
2e pers. pluriel   pluriel

A2 Lorsque la phrase comporte **plusieurs sujets coordonnés,** le verbe se met au **pluriel :**

L'âne et le chien   march**ai**ent   ensemble.

<u>sujet</u>   <u>sujet</u>   verbe 3e pers. pluriel

A3 Lorsque les sujets sont des **personnes différentes,** l'accord du verbe se fait de la façon suivante :

a. 2e personne + 3^e personne : le verbe se met à la 2e personne du pluriel :

C'est Marie et toi qui   march**er**ez derrière.

<u>sujet</u>   <u>sujet</u>   verbe
3e pers.   2e pers.   2e pers. pluriel

b. 1re personne + 2^e ou 3e personne : le verbe se met à la 1re personne du pluriel :

Mes amis et moi   voul**i**ons vous offrir ce cadeau.

<u>sujet</u>   <u>sujet</u>   verbe
3e pers.   1re pers.   3e pers. pluriel

A4 Lorsque le sujet commence par **une foule de..., une troupe de..., une assemblée de..., une bande de...,** le verbe peut se mettre **au singulier** ou **au pluriel.**

- On utilisera le singulier pour indiquer que l'ensemble des personnes ou des objets est considéré comme un tout :

Une bande de voleurs avan**çait.**

- On utilisera le pluriel si ce sont les différents objets ou personnes qui sont concernés :

Une bande de voleurs avan**çaient,** chacun portant un couteau, une hache...

A5 Si le sujet est introduit par **beaucoup de, la plupart de, bon nombre de, peu de,** etc., le verbe se met, en général, **au pluriel :**

Peu de gens sav**ent** la vérité.

B   *L'accord du participe passé*

B1 Pour les verbes qui forment leurs temps composés avec **être,** le participe passé s'accorde en genre et en nombre avec le **sujet** *(tomber, arriver, aller...)* :

La petite fille est tomb**ée** de l'arbre.

<u>sujet</u>   <u>part. passé</u>
nom fém. sing.   fém. sing.

B2 Pour les verbes qui forment leurs temps composés avec **avoir,** le participe passé ne s'accorde pas avec le sujet :

Les gens ont cueill**i** des champignons.

<u>sujet</u>

B3 Pour les verbes qui forment leurs temps composés avec **avoir,** le participe passé s'accorde en genre et en nombre avec le **COD** si celui-ci est placé **avant** le verbe :

Cette assiette, je l'   ai pos**ée** sur la table.

      <u>COD</u>   fém. sing.
      fém. sing.

Ce sont les cartes que   j'ai pris**es.**

      <u>COD</u>   <u>fém. pluriel</u>
      fém. pl.

REMARQUE. Si le COD est le pronom en, le participe passé reste invariable :

J'en ai **vu** des violettes.

COD

Le participe passé suivi d'un infinitif reste en principe invariable, même si un COD se trouve placé avant :

Cette enfant, je l'ai **vu** arriver en pleurs.

 B4 **Pour les verbes pronominaux**

Les verbes pronominaux forment tous leurs temps composés avec **être** :

Je me suis coupé.

★ Je m'ai coupé.

a. Lorsque le pronom *(je, te, me...)* est le complément d'objet direct du verbe *(se rencontrer, se baigner, se vendre, se sauver...)*, le participe passé s'accorde en genre et en nombre avec le sujet :

Elles se sont baign**ées** dans la rivière.

sujet   COD   fém. pl.
fém. pl.

Ils se sont rencontr**és** aux courses.

sujet   COD   masc. pl.
masc. pl.

Ils se sont coup**és**.

sujet   COD   masc. pl.
masc. pl.

b. Lorsque le pronom est le complément d'objet indirect du verbe *(s'acheter, se faire mal, se dire...)*, le participe passé ne s'accorde ni en genre ni en nombre avec le sujet (sauf si un COD est placé avant le verbe) :

Elle s' est dit qu'il ne viendrait pas.

sujet COI   COD après le verbe

Tu peux imaginer les choses que   je me suis   dit**es**.

fém. pl.   COD   fém. pl.
avant le verbe   accord avec le COD

Ils se sont coup**é** la main.

sujet COI   COD après

275

VISUALISATIONS DE L'ANALYSE GRAMMATICALE

Ce qu'il faut savoir

● Il est utile de pouvoir représenter sous forme d'un schéma, d'un dessin, les relations qu'entretiennent les mots d'une phrase ; ce schéma permet d'un seul coup d'œil de prendre connaissance de l'organisation grammaticale de la phrase.

● On parlera de **visualisation,** de **représentation schématique** ou **visuelle,** ou encore de **schématisation ;** tous ces termes sont équivalents, ils expriment tous une même idée : proposer une figure qui soit une représentation simple et fonctionnelle des relations grammaticales dans la phrase.

● Visualiser l'organisation d'une phrase implique que, avant toute représentation, on ait procédé à l'analyse grammaticale de la phrase. La visualisation ne sera qu'un **schéma.** Les techniques de visualisation ne sont pas des instruments qui servent à analyser une phrase, leur seule utilité est de rendre compte concrètement d'une analyse déjà faite.

● Les procédures de visualisation sont multiples. Elles renvoient chacune à des modes d'analyse particuliers ; elles ont chacune leurs avantages et leurs inconvénients. Nous présenterons ici trois grands types de visualisation de l'analyse grammaticale : la représentation **en arbre,** la représentation **par emboîtements successifs,** la représentation **en cercles concentriques.**

REPRÉSENTATION EN ARBRE

A   *Analysons la phrase (P) :*

Pierre bat Paul.

1. *Pierre :* groupe nominal sujet (GNS).

2. *bat Paul :* groupe verbal (GV) comprenant :
   - *bat :* verbe (V),
   - *Paul :* groupe nominal (GN) COD.

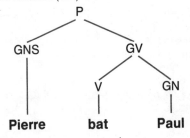

B   *Analysons la phrase (P) :*

Le frère de Pierre bat Paul.

1. *Le frère de Pierre :* groupe nominal sujet qui se décompose en :
   - *Le :* déterminant de *frère* (D),
   - *frère :* nom (N),
   - *de Pierre :* groupe nominal prépositionnel (GN prép.), complément du nom *frère*.

2. *bat Paul :* groupe verbal (GV) comprenant :
   - *bat :* verbe (V),
   - *Paul :* groupe nominal (GN) COD.

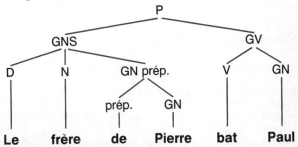

277

C *Analysons la phrase (P) :*

Le frère de Pierre a donné une gifle à Paul.

1. *Le frère de Pierre :* groupe nominal sujet (GNS) composé de :
   - *Le :* déterminant (D),
   - *frère :* nom (N),
   - *de Pierre :* groupe nominal prépositionnel (GN prép.), complément du nom *frère :*
   - *de :* préposition,
   - *Pierre :* groupe nominal.

2. *a donné une gifle à Paul :* groupe verbal (GV) qui se décompose en :
   - *a donné :* verbe (V),
   - *une gifle :* groupe nominal (GN) COD :
   - *une :* déterminant (D),
   - *gifle :* nom (N),
   - *à Paul :* groupe nominal prépositionnel (GN prép.), complément d'objet second (COS) :
   - *à :* préposition,
   - *Paul :* groupe nominal.

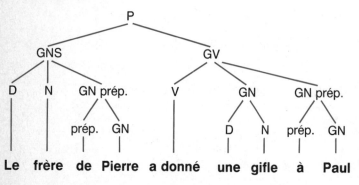

D *Analysons la phrase (P) :*

Paul a rencontré Pierre sur la plage.

1. *Paul :* groupe nominal sujet (GNS).

2. *a rencontré Pierre :* groupe verbal (GV) ; se décompose en :
   - *a rencontré :* verbe (V),
   - *Pierre :* groupe nominal complément d'objet direct (GN).

3. *sur la plage* : groupe nominal prépositionnel (GN prép.),
   complément de phrase (voir page 67, II) ; se décompose en :
   - *sur* : préposition (prép.),
   - *la plage* : groupe nominal (GN) :
   - *la* : déterminant (D),
   - *plage* : nom (N).

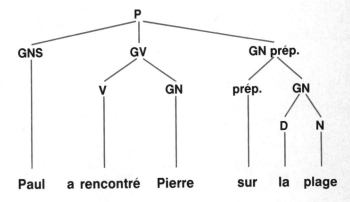

E *Intérêt de la représentation en arbre*

● La représentation en arbre permet de bien montrer le « découpage » de la phrase en **groupe verbal** et **groupe nominal.**

● Elle permet de voir que les compléments de phrase ne font pas partie du groupe verbal mais sont un constituant de la phrase.

● Elle permet d'aller du « plus grand » au « plus petit », c'est-à-dire des groupes aux mots qui les constituent.

⚠ ● La représentation en arbre est cependant parfois de lecture difficile ; les mêmes symboles sont utilisés pour des groupes occupant des fonctions différentes : ainsi un GN prép. (groupe nominal prépositionnel) peut être complément circonstanciel, complément du nom ou complément d'objet indirect.

⚠ ● La représentation en arbre rend mal compte des relations de subordination à l'intérieur des groupes : les noyaux et les déterminants apparaissent sur la même ligne.

II REPRÉSENTATION PAR EMBOÎTEMENTS SUCCESSIFS

A Analysons la phrase :

Pierre bat Paul.

1. *Pierre* : sujet (ce dont on parle).

2. *bat Paul* : prédicat (ce que l'on en dit) ; décomposé en :
   - *bat* : verbe,
   - *Paul* : COD.

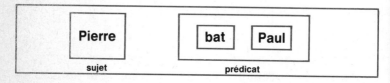

phrase

B Analysons la phrase :

Le frère de Pierre bat Paul.

1. *Le frère de Pierre* ; sujet (ce dont on parle) composé de :
   - *le frère* : noyau du groupe :
   - *Le* : déterminant,
   - *frère* : nom,
   - *de Pierre* : complément du nom *frère*.

2. *bat Paul* : prédicat (ce que l'on en dit).

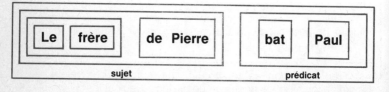

phrase

C   *Analysons la phrase :*

Le frère de Pierre a donné une gifle à Paul.

1. *Le frère de Pierre :* sujet.

2. *a donné une gifle à Paul :* prédicat ; se décompose en :
   - *a donné :* verbe,
   - *une gifle :* complément d'objet direct :
   - *une :* déterminant,
   - *gifle :* nom,
   - *à Paul :* complément d'objet second.

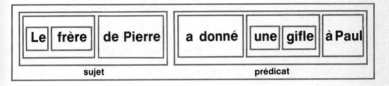

phrase

D   *Analysons la phrase :*

Paul a rencontré Pierre sur la plage.

1. *Paul :* sujet.

2. *a rencontré Pierre sur la plage :* prédicat ; se décompose en :
   - *Pierre :* complément d'objet direct,
   - *sur la plage :* complément circonstanciel :
   - *la :* déterminant,
   - *plage :* nom.

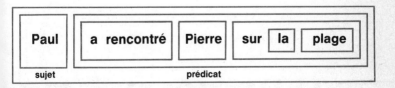

phrase

Intérêt de la représentation par emboîtements successifs

● La représentation par emboîtements successifs a l'avantage de ne pas bouleverser la phrase. Les mots sont laissés dans l'ordre dans lequel ils apparaissent dans la phrase.

● Elle permet de bien distinguer deux grands groupes : le **sujet** et le **prédicat.**

● Elle permet de présenter la composition des groupes et les relations entre les mots qui les composent.

 ● Il semble que parfois les différents niveaux d'emboîtements n'apparaissent pas de façon très claire ; on risque souvent de confondre les boîtes de dimensions différentes et donc de confondre des degrés de relation différents.

III REPRÉSENTATION EN CERCLES CONCENTRIQUES

 Analysons la phrase :

Pierre bat Paul.

1. *bat :* noyau verbal (voir *Verbe,* page 256, IA) ; il sera représenté au centre du cercle.

2. *Pierre :* sujet ; se situe sur le cercle à gauche du verbe.

3. *Paul :* complément d'objet direct ; se situe sur le cercle à droite du verbe.

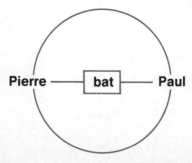

B *Analysons la phrase :*

Le frère de Pierre bat Paul.

1. *frère :* sujet du verbe *bat* est en relation directe avec le verbe et apparaît sur le premier cercle à gauche.

2. *Pierre :* complément du nom *frère* est relié à lui par la préposition *de* ; il n'est pas en relation directe avec le verbe et apparaît donc sur le deuxième cercle concentrique.

3. *le :* déterminant de *frère* apparaît aussi sur le deuxième cercle ; il n'est pas en relation directe avec le verbe.

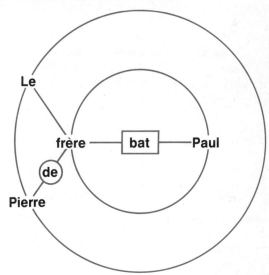

C *Analysons la phrase :*

Le frère de Pierre a donné une gifle à Paul.

1. *Le frère de Pierre* (voir ci dessus).

2. *a donné :* verbe, noyau central.

3. *gifle :* complément d'objet direct ; en relation directe avec le noyau verbal ; apparaît sur le premier cercle à droite.

4. *une :* déterminant de *gifle* n'est pas en relation directe avec le verbe et apparaît sur le second cercle, relié à *gifle.*

5. *Paul :* complément d'objet second est relié directement au verbe par la préposition *à.* Il apparaît sur le premier cercle relié à un des coins du rectangle entourant le verbe.

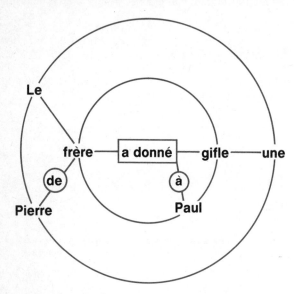

D *Analysons la phrase :*

Paul a rencontré Pierre sur la plage.

1. *a rencontré :* noyau central.

2. *Paul :* sujet ; en relation directe avec le verbe ; situé sur le premier cercle à gauche.

3. *Pierre :* complément d'objet direct ; en relation directe avec le verbe ; situé sur le premier cercle à droite.

4. *plage :* complément circonstanciel ; directement relié au verbe par la préposition *sur* ; apparaît sur le premier cercle. Relié à un des coins du rectangle entourant le verbe.

5. *la :* déterminant de plage ; n'est pas directement relié au verbe ; apparaît sur le deuxième cercle.

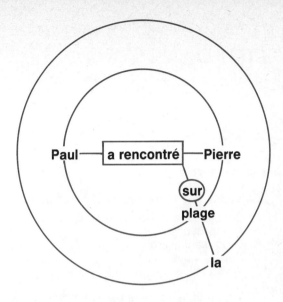

E | ***Intérêt de la représentation en cercles concentriques***

● La représentation en cercles concentriques a l'intérêt de faire apparaître le **verbe** comme le **noyau** auquel se rattachent directement ou indirectement tous les mots de la phrase.

● Elle permet aussi de bien distinguer **les niveaux de relation** dans la phrase en présentant sur le même cercle les mots qui sont au même niveau.

● Elle met en évidence **le rôle des prépositions** qui sont des outils qui servent à mettre en relation les mots d'une même phrase.

● Elle montre la cohérence des groupes fonctionnels (voir *Groupes,* page 144, II) ; tous les mots d'un même groupe fonctionnel sont en relation (directement ou indirectement) avec le noyau verbe central.

● Cependant elle a le désavantage de ne pas présenter le « découpage » entre groupe nominal sujet et groupe verbal ni entre le sujet et le prédicat.

● Enfin, elle demande que l'on ait identifié soigneusement la fonction occupée par chaque mot de la phrase et son niveau.

LA VOIX PASSIVE (ACTIF/PASSIF)

Ce qu'il faut savoir

● La voix **passive** et la voix **active** représentent des types de constructions de phrase particuliers. On peut cependant exprimer les mêmes idées en utilisant l'une ou l'autre. On obtiendra des phrases différentes par leur construction, mais qui auront le même sens :

Picasso a peint ce tableau en 1942.

Ce tableau a été peint par Picasso en 1942.

● Cependant, seuls les verbes qui peuvent recevoir un complément d'objet direct permettent l'emploi de la voix passive. Le passage de la voix active à la voix passive s'appelle **transformation passive.** Cette transformation se caractérise par des changements qui interviennent au niveau du verbe lui-même et au niveau des fonctions essentielles de la phrase : sujet et complément d'objet direct.

QU'EST-CE QUE LA TRANSFORMATION PASSIVE ?

A *Construction active et construction passive*

La transformation de la voix active à la voix passive permet d'exprimer la même idée avec une construction différente :

> Nos amis construisent cette maison.

> Cette maison est construite par nos amis.

Chacune de ces phrases nous permet de savoir que l'action *construire* est réalisée par les mêmes personnes : *nos amis*. Cette action de construire est exercée dans les deux phrases sur une même chose : *une maison*.

B *Les fonctions*

Les mêmes mots, dans chaque phrase, n'ont pas les mêmes fonctions.

B1 Dans la première phrase, qui est à la **voix active** :

Nos amis / construisent / cette maison,
sujet — verbe — COD

nous constatons que :
- *nos amis* occupe la fonction de sujet du verbe *construisent*.
- *Cette maison* occupe la fonction d'objet du verbe *construisent*.

B2 Dans la deuxième phrase, qui est à la **voix passive** :

Cette maison / est construite / par nos amis,
sujet — verbe — complément d'agent

nous constatons que :
- *nos amis*, précédé de la préposition *par*, occupe la fonction de complément d'agent du verbe *est construite*.
- *Cette maison* occupe la fonction de sujet du verbe *est construite*.

➜ Le groupe qui, dans la phrase à la voix active, occupe la fonction de **sujet** devient **complément d'agent** dans la phrase à la voix passive. Le groupe qui était **complément d'objet direct** à la voix active devient **sujet** de la phrase à la voix passive.

C *La forme du verbe*

Le verbe change de forme lorsque la phrase est construite à la voix passive.

Si on met le verbe de la première phrase (voix active) à des temps différents :

> Nos amis <u>construisent</u> cette maison,
>
> présent

> Nos amis <u>construisaient</u> cette maison,
>
> imparfait

> Nos amis <u>construiront</u> cette maison,
>
> futur

on constate que le verbe est toujours à la forme simple ; il n'est jamais accompagné de l'auxiliaire *être.*

Si on met le verbe de la deuxième phrase (voix passive) aux mêmes temps simples :

> Cette maison <u>est construite</u> par nos amis,
>
> présent

> Cette maison <u>était construite</u> par nos amis,
>
> imparfait

> Cette maison <u>sera construite</u> par nos amis,
>
> futur

➡ quel que soit le temps du verbe, il est composé, dans la phrase construite à la voix passive, de **l'auxiliaire être + participe passé.**

C'est l'auxiliaire *être* qui porte les marques du temps.

D *Sujet et prédicat*

La transformation passive permet d'intervertir dans une phrase ce dont on parle et ce que l'on en dit. Dans la phrase à la voix active, on parle de *nos amis* et on dit à leur propos : *ils construisent cette maison.* Dans la phrase à la voix passive, on parle de *cette maison* et on dit à son propos : *elle est construite par nos amis.*

cette maison qui, à la voix active, faisait partie du **prédicat** (voir *Sujet,* page 240, IA), c'est-à-dire de ce que l'on disait de quelqu'un, devient, à la voix passive, le **sujet,** c'est-à-dire ce dont on parle.

En revanche, *nos amis* qui était présenté à la voix active comme le **sujet** à propos duquel on allait donner des informations, fait, à la voix passive partie du **prédicat**.

➡ On résumera ceci de la façon suivante :

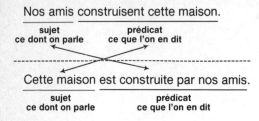

Nos amis construisent cette maison.

sujet — ce dont on parle
prédicat — ce que l'on en dit

Cette maison est construite par nos amis.

sujet — ce dont on parle
prédicat — ce que l'on en dit

E Visualisation : représentation en cercles concentriques

a. Voix active

Un énorme camion a percuté ma voiture.

sujet — verbe — COD

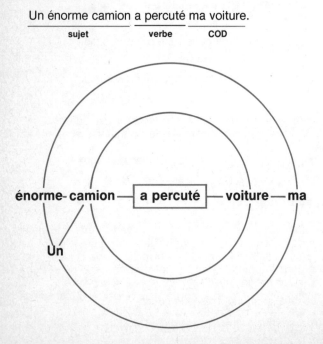

b. Voix passive

Ma voiture a été percutée par un énorme camion.
sujet   verbe   complément d'agent

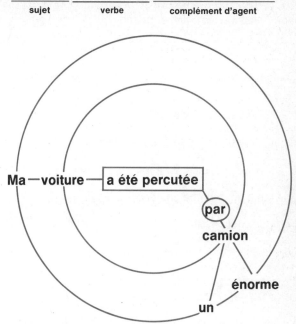

II COMMENT UTILISE-T-ON LA TRANSFORMATION PASSIVE ?

A Les verbes qui acceptent la transformation passive

La transformation passive n'est possible qu'avec des verbes qui acceptent un complément d'objet direct (verbes transitifs).
On ne pourra utiliser la voix passive lorsque :

A1 Le verbe de la phrase n'admet pas de complément d'objet : c'est un **verbe intransitif** (*tomber, courir, nager, rire,* etc.) :

Les enfants jouent dans la cour.

Cette phrase ne peut être mise à la voix passive.

A2   Le verbe de la phrase se construit obligatoirement avec un complément d'objet indirect : *parler de, penser à, croire en*, etc. Une phrase comme :

Jean pensait à son dernier match,

ne peut être transformée à la voix passive.

A3   Le groupe verbal est constitué d'une **copule** (voir *Verbe*, page 270, A3) et d'un **attribut :**

Ma voisine est une brave femme.

Cette phrase ne peut être mise à la voix passive.

A4   Le verbe de la phrase est **avoir ;** ainsi, la phrase :

Ce type a un superbe château,

ne peut être mise au passif.

B *Limites de l'utilisation de la transformation passive*

Même lorsque le verbe de la phrase admet un complément d'objet direct, il y a des cas où la transformation passive n'est pas utilisée : c'est le cas lorsque le sujet de la phrase active est un **pronom personnel :**

J'ai acheté la voiture de mes parents.

En principe, rien ne s'oppose à la transformation passive ; cependant, on ne dira généralement pas :

La voiture de mes parents a été achetée par moi.

REMARQUE. Lorsque le complément d'objet direct de la phrase active est indéfini (présenté comme non connu), la transformation passive est difficile. A partir de :

Cet homme a acheté un cheval,

on obtiendrait :

Un cheval a été acheté par cet homme.

Cette phrase est improbable.

En revanche, si l'on précise de quel cheval il s'agit, la transformation passive devient plus facile :

> Le cheval qui a gagné le derby a été acheté par cet homme.

C | *Construction passive sans complément d'agent*

De nombreuses constructions à la voix passive ne comportent pas de complément d'agent. Ceci se produit chaque fois que celui qui parle (ou écrit) pense qu'il n'est pas important de préciser qui fait l'action :

> La mairie a été bâtie en 1952. (Peu importe par qui.)
>
> La jupe est portée courte cette année. (Inutile de préciser qui la porte.)
>
> Seront admis les candidats qui auront répondu aux vingt questions.

Lorsque la phrase passive ne comporte pas de complément d'agent, on peut lui substituer :

- Une phrase active avec pour sujet on :

> On a bâti la mairie en 1952.
>
> On admettra les candidats qui auront répondu aux vingt questions.

- Une phrase à la tournure pronominale :

> La jupe se porte courte cette année.

III L'ACTIF, LE PASSIF ET L'AUXILIAIRE ÊTRE

⚠️ Il ne faut pas confondre :

Nous sommes tombés
Ils sont montés au grenier } verbes utilisés à la **voix active** et dont les temps composés se forment avec l'auxiliaire *être* et le participe passé.
Vous êtes venus

et : Nous sommes volés
Nous sommes trompés } verbes utilisés à la **voix passive,** au temps présent, et construits avec l'auxiliaire *être* et le participe passé.
Vous êtes pris

En cas de doute, on peut procéder ainsi :

Nous <u>sommes volés</u> → Nous <u>avons été volés.</u>
   prés. passif   passé comp. passif

Nous <u>sommes tombés</u> * Nous <u>avons été tombés.</u>

On reconnaîtra le verbe au présent passif par le fait qu'on peut le mettre au passé composé passif en utilisant l'auxiliaire *avoir* ; dans le cas de l'actif au passé composé, la chose est évidemment impossible.

LA VOIX
PRONOMINALE

Ce qu'il faut savoir

● On parle soit de **voix** soit de **tournure** pronominale.

● La voix pronominale se caractérise par le fait que le verbe de la phrase est accompagné d'un pronom personnel réfléchi intercalé entre le sujet et le verbe :

Les enfants **se** sont promenés pendant des heures.

● La voix pronominale permet d'indiquer que l'action exprimée par le verbe ne s'exerce sur rien d'autre que sur le sujet lui-même :

Tous les matins les soldats se lavaient à la fontaine.

QU'EST-CE QUE LA VOIX PRONOMINALE ?

A | *Le sujet subit l'action*

La voix pronominale permet d'indiquer que la personne (ou la chose) qui réalise une action la subit en même temps :

L'homme s'habilla avec soin.

(L'homme n'habille personne d'autre que lui-même.)

L'homme se dit qu'il avait du temps.

(L'homme ne s'adresse à personne d'autre qu'à lui.)

L'homme se lava les mains.

(L'homme ne lave les mains de personne d'autre que lui-même.)

B | *Le verbe est accompagné d'un pronom réfléchi*

Dans les phrases construites à la voix pronominale, le verbe est accompagné d'un pronom réfléchi de même personne que le sujet. Ce pronom est intercalé entre le sujet et le verbe.

Les pronoms réfléchis sont les mêmes que les pronoms personnels compléments sauf à la troisième personne où ils présentent une forme particulière :

		Pronoms personnels compléments	Pronoms réfléchis
Singulier	1re pers.	Il me dit	je me dis
	2e pers.	Il te dit	tu te dis
	3e pers.	Il lui dit	il **se** dit
Pluriel	1re pers.	Il nous dit	nous nous disons
	2e pers.	Il vous dit	vous vous dites
	3e pers.	Il leur dit	ils **se** disent

II QUAND UTILISE-T-ON LA VOIX PRONOMINALE ?

A *Lorsque le sujet subit l'action qu'il réalise*

L'enfant se jeta dans la rivière.

B *Lorsque l'action est exercée de façon réciproque*

Lorsque l'on a plusieurs acteurs, la voix pronominale indique qu'ils exercent l'action l'un sur l'autre ou les uns sur les autres :

Le Français et l'Américain se sont longtemps entretenus.

Les deux boxeurs se sont battus jusqu'à l'épuisement.

Ils se sont rencontrés par hasard sur le pont des Arts.

Cette utilisation est dite **réciproque.**

C *Comme équivalent de la voix passive*

On utilise alors la voix pronominale lorsque l'on ne veut pas exprimer le complément d'agent :

En Italie les pâtes se mangent fermes. (= sont mangées)

D *Avec les verbes essentiellement pronominaux*

Certains verbes sont toujours construits avec le pronom réfléchi : *s'emparer, s'évader, s'enfuir, s'évanouir,* etc.

Le prisonnier s'est évadé par les toits.

La jeune fille s'évanouit en l'apercevant.

Ces verbes sont parfois appelés **essentiellement pronominaux.**

297

III LES VERBES PRONOMINAUX AUX TEMPS COMPOSÉS

A *Les verbes pronominaux forment tous leurs temps composés avec l'auxiliaire être. On doit dire :*

> Je me <u>suis</u> trompé,

et non : ★ Je m'ai trompé.

REMARQUE. Les enfants, jusqu'à l'âge de cinq à six ans, ont tendance à former les temps composés des verbes pronominaux avec l'auxiliaire *avoir* par analogie avec le modèle régulier.

 B *L'accord des verbes pronominaux aux temps composés*

B1 Lorsque le pronom réfléchi est le complément d'objet direct du verbe *(se rencontrer, se baigner, se vendre...)*, le participe passé s'accorde en genre et en nombre avec le sujet :

> <u>Elles</u> <u>se</u> sont <u>baignées</u> dans la rivière.
>
> fém. pl. COD fém. pl.
>
> <u>Ils</u> <u>se</u> sont <u>rencontrés</u> aux courses.
>
> masc. pl. COD masc. pl.

B2 Lorsque le pronom réfléchi est le complément d'objet indirect du verbe (*s'acheter, se faire mal, se dire,* etc.), le participe passé ne s'accorde ni en genre ni en nombre avec le sujet :

> Elle <u>s'</u>est dit des tas de choses avant de venir.
>
> COI
>
> Elle <u>s'</u>est lavé les mains.
>
> COI

En revanche, le participe passé s'accordera avec le complément d'objet direct si ce dernier est placé avant le verbe :

> Tu ne peux imaginer <u>les choses</u> que je me suis <u>dites</u>.
>
> fém. pl. COD fém. pl.

INDEX

Note : Les renvois signalés en italique et introduits par une majuscule concernent des chapitres entiers de l'ouvrage. Lorsque le nom n'est pas en italique, le renvoi concerne une entrée de l'index.

299

a

d

306

eux (pronom personnel), 204, 209.
excellent, exceptionnel, voir superlatif.
expansion (procédure : *elle est belle → elle est belle et riche*), 198, 199.
expansion lexicale, voir constituants facultatifs.
expansion du groupe nominal, 153-154, 198-199, 219.
explicatives, voir propositions subordonnées relatives explicatives.

f

facultatif, voir constituants facultatifs.
féminin des adjectifs, 31-32.
féminin des noms, 177.
fermail → ferm**aux** (pluriel des noms), 174-175.
festival → festival**s** (pluriel des noms), 174-175.
fiancailles (genre et nombre des noms), 173.
finir (verbe 2e groupe), 261.
fonctions, 14, 37, 41, 189-191, 256, + se reporter à chaque rubrique en particulier.
fonction complément indirect du verbe, 93.
fonction complément d'objet direct, 76.
fonction objet direct, 76.
fonctionnel, voir groupes fonctionnels.
formation des adverbes *(doux → doucement)*, 44-45.
formes accentuées ou pleines *(**moi**, je pense...)*, 204.
formes renforcées *(ce livre-**ci**)*, 133.
fort → fortement, voir formation des adverbes.
(une) foule de voyageurs se précipita/précipitèrent (sujet collectif), 274.
futur simple / futur antérieur, 268.
futur / passé / présent, 262-263.
futur et concordance des temps, 232.

g

gai → gaîment, voir formation des adverbes.
-geant / -gent ? *(négligeant/négligent)*, voir participe présent, / adjectif verbal.
genou → genou**x** (pluriel des noms), 174-175.
genre, 47, 129, 223.
— des adjectifs qualificatifs, 31-32.
— des adjectifs démonstratifs, 133.
— des adjectifs indéfinis, 135.
— des adjectifs numéraux, 137.
— des adjectifs possessifs, 131.
— des noms, 173, 177.
— des pronoms personnels, 83, 97, 99, 100, 114.
  voir aussi accord... (pour les cas particuliers).
gentil → gentiment, voir formation des adverbes.
gérondif *(en chantant)*, 267, 268.
— gérondif : complément circonstanciel, 60, 267.

h

i

j

l

m

n

o

p

q

r

t

u

V

X

y

SIGNIFICATION DES ABRÉVIATIONS

C	complément
CC	complément circonstanciel
CC acc.	complément circonstanciel d'accompagnement
CCL	complément circonstanciel de lieu
CC man.	complément circonstanciel de manière
CCT	complément circonstanciel de temps
COD	complément d'objet direct
COI	complément d'objet indirect
COIS	complément d'objet indirect second
COS	complément d'objet second
D	déterminant
GN	groupe nominal
GN prép.	groupe nominal prépositionnel
GNS	groupe nominal sujet
GV	groupe verbal
N	nom
P	phrase
pl.	pluriel
prép.	préposition
V	verbe

Imprimerie Tardy Quercy S.A. Bourges — Imprimerie du Marval, Vitry-sur-Seine
Dépôt légal : 7574 — Juin 1985